Blake K. Healy

Unzerstörbar

Blake K. Healy

Unzerstörbar

Führe deine geistlichen Kämpfe
aus der Perspektive des Himmels

GloryWorld-Medien

4. Auflage 2025

Bibelzitate sind, falls nicht anders gekennzeichnet, der Elberfelder Bibel, Revidierte Fassung von 1985 entnommen.

Das Buch folgt den Regeln der Deutschen Rechtschreibreform. Die Bibelzitate wurden diesen Rechtschreibregeln angepasst.

Übersetzung/Satz: Manfred Mayer
Umschlaggestaltung: Charisma House / Jens Neuhaus (www.7dinge.de)
Druck: CPI books GmbH, Leck

Printed in Germany

ISBN: 978-3-95578-376-1
Bestellnummer: 356376

Erhältlich beim Verlag:

GloryWorld-Medien
Beit-Sahour-Str. 4
D-46509 Xanten
Tel.: 02801-9854003
Fax: 02801-9854004
info@gloryworld.de
www.gloryworld.de

oder in jeder Buchhandlung

Inhalt

Einführung

Ich zählte mindestens fünfzehn Engel im Gottesdienstraum. Ein paar mehr konnte ich durch das Fenster zum Foyer sehen, aber ich dachte, es wäre am besten, mich einfach auf den Raum zu konzentrieren, in dem ich mich befand. Ich schlug mein Notizbuch auf und begann, jeden der Engel kurz zu beschreiben.

Sie schienen aus drei Fünfergruppen zu bestehen. Eine Gruppe befand sich auf der Bühne, wo sich die Band auf den Beginn des Gottesdienstes vorbereitete. Die beiden anderen Gruppen standen auf dem Boden vor der Bühne, eine ganz rechts, die andere ganz links. Alle Engel trugen weiße Gewänder mit goldenen Ziernähten. Sie waren unterschiedlich groß, aber im Rahmen der durchschnittlichen menschlichen Größe. Alle bis auf einen.

Einer der Engel stand ganz in der Mitte der Bühne. Dieser Engel war etwa 2,75 m groß und hatte helles, goldenes Haar, das zu seinen breiten, goldenen Flügeln passte. Die anderen Engel standen entspannt da, mit den Armen an den Seiten. Dieser Engel hatte seine Arme jedoch ausgestreckt und seine Augen blickten mit einem intensiven, kindlichen Staunen nach oben.

In einer schnellen Bewegung senkte der große Engel seine Arme, was halb einem Dirigenten glich, der eine Symphonie dirigiert, und halb einem General, der einem Befehl Nachdruck verleiht. Mit einem Mal nahmen die Engel zu beiden Seiten der Bühne Haltung ein, und die Band spielte den ersten Ton des ersten Lobpreisliedes.

Der große Engel nahm nun wieder seine Anbetungshaltung ein – die Arme ausgestreckt, die Augen nach oben gerichtet. Die anderen Engel auf der Bühne folgten seinem Beispiel, während die Engel vor der Bühne zu tanzen begannen. Sie rannten die Gänge mit großen Sprüngen auf und ab, die selbst den talentiertesten Balletttänzer hätten unbeholfen aussehen lassen. Im

Verlauf des Liedes wurden die Sprünge immer länger, und ein sanfter, grünlicher Nebel begann den Raum zu füllen. Mit ihm kam das klare Gefühl des Friedens, das ich mit der Gegenwart Gottes verband.

Meine Augen sprangen zwischen den Engeln und meinen Notizen hin und her, während ich mein Bestes tat, um so viele Details wie möglich zu notieren, ohne zu sehr in Rückstand zu geraten. Ich atmete tief ein und streckte meine steifen Finger aus. Als ich mich im restlichen Raum umsah, wurde mir das Herz schwer, denn es gab noch so vieles, das ich nicht aufgeschrieben hatte.

Jede Person im Raum hatte einen persönlichen Engel, der in ihrer Nähe stand, und jeder von ihnen nahm auf einzigartige Weise an der Anbetung teil: tanzend, singend, auf- und abspringend. Der grüne Nebel wickelte sich wie eine warme Decke um die Menschen im Raum. Schwere Ketten, die einigen der Leute über den Schultern gehangen hatten, begannen als Reaktion auf den Nebel zu Boden zu fallen.

Etwa ein Dutzend unterschiedlicher Dämonen war über den Raum verteilt. Alle waren grauhäutig, knochig, weniger als einen Meter groß und ähnelten nur vage der Form eines Menschen. Während sie bisher durch den Raum geschweift waren wie jemand, dem es schwerfällt, einen freien Sitzplatz zu finden, schreckten sie jetzt vor dem Nebel zurück, als sei es gefährlich, ihn einzuatmen.

Es gab so viel, für das ich keine Zeit hatte, es aufzuschreiben. Ich war kaum in der Lage, mit dem Schritt zu halten, was die Engel im Zusammenhang mit der Anbetung taten. Ich klappte das Notizbuch zu, ließ es neben meinen Füßen auf den Boden fallen und tat einen tiefen Seufzer.

Damals war ich vierzehn Jahre alt. Und obwohl ich Engel, Dämonen und andere geistliche Dinge gesehen hatte, seit ich mich erinnern konnte, war es erst zwei Jahre her, dass mir klar geworden war, dass meine offenen Visionen die Folge einer mir von Gott verliehenen Gabe waren. Obwohl ich in einer christlichen Familie aufgewachsen war, wurde in den Kirchen, die wir besuchten, nicht über geistliche Gaben oder das Sehen im geistlichen Bereich gelehrt, sodass ich die Dinge, die ich sah, nie richtig einordnen konnte. Meine ganze Welt änderte sich, als wir anfingen, eine Kirche zu besuchen, die sehr darum bemüht war, ihre Mitglieder in den Gaben des Geistes zu schulen.

Obwohl keiner der Leiter dieser Kirche im Geist sah, wie ich es tat, taten sie alle ihr Bestes, um mir zu helfen, mit meiner Gabe richtig umzugehen und darin zu wachsen. Die Dinge, die ich sah, in ein Notizbuch zu schreiben, war einer ihrer Vorschläge gewesen. Ich hatte diese Gewohnheit in den beiden zurückliegenden Jahren sporadisch beibehalten. Und Tage wie dieser trugen dazu bei, es nur sporadisch zu tun. Ich wollte anderen helfen und ihnen mit den Dingen, die ich sah, dienen, aber es war schwer zu wissen, wie ich das machen sollte, wenn es so viel zu sehen gab. Welche Dinge waren am wichtigsten? Welche waren am hilfreichsten?

Ich schaute auf mein Notizbuch hinunter, stöhnte frustriert und hob es wieder auf. Es war wohl besser, wenigstens etwas aufzuschreiben als gar nichts, auch wenn es weniger als ein Zehntel dessen war, was passierte. Ich beschloss, mich einfach auf das zu konzentrieren, was die Engel als Reaktion auf die Anbetung taten.

Der große Engel auf der Bühne schwebte nun einige Meter über dem Boden und ließ seine Arme wie die Flügel einer Windmühle kreisen. Er hatte noch immer den gleichen Ausdruck kindlicher Begeisterung und Freude auf seinem Gesicht. Die kleineren Engel auf der Bühne folgten der Führung des größeren Engels, wobei ihr Rhythmus und ihre Bewegungen die des größeren ergänzten. Die tanzenden Engel hüpften noch immer in den Gängen auf und ab, aber ihre Sprünge waren nun so groß, dass einige von ihnen in einem einzigen Satz von ganz hinten bis kurz vor die Bühne sprangen.

Ob es an dem lag, was die Engel auf der Bühne taten, an der Art, wie die Engel in den Gängen tanzten, oder an etwas ganz anderem, jedenfalls begann der grüne Nebel im Raum nun zu wirbeln. Er raste in einer großen Welle von der Bühne her nach hinten, schmetterte gegen die hintere Wand, strömte nach oben und über die Decke, um dann – ähnlich dem Schleudergang einer riesigen Waschmaschine – wieder auf die Bühne hinunterzuschwappen.

Der Nebel rauschte immer schneller durch die Gemeinde und wehte Staub und Schmutz weg, der so fein war, dass ich ihn erst bemerkte, als er weg war. Die Musik wurde immer intensiver, um dem Geschehen im Geist zu entsprechen, und ich spürte nun eine elektrische Hitze in meinem Brustkorb. Alle Menschen im Raum begannen immer heller zu glühen, als würde die Bewegung des Nebels sie polieren und zum Leuchten bringen. Bald wurde die Helligkeit so extrem, dass ich aufhören musste, im Geist zu schauen. Sofort verschwanden der wirbelnde Nebel und die tanzenden Engel vor meinen Augen. Der plötzliche Wechsel ließ den Raum leer erscheinen, aber die anschwellende Hitze in meinem Herzen erinnerte mich daran, dass alles, was ich gesehen hatte, immer noch geschah.

Als die Anbetung vorbei war und jemand auf die Bühne trat, um die morgendlichen Ankündigungen zu machen, setzte ich mich hin, um weitere Dinge, die ich gesehen hatte, zu notieren, da ich bisher aus Zeitgründen die Engel und ihre Aktivitäten nur grob skizziert hatte.

Ich erinnerte mich daran, dass sich die anderen Engel dem größeren Engel unterzuordnen schienen, und schrieb neben meine Beschreibung des Engels mit den goldenen Flügeln: „Anbetungsleiter der Engel?" Ich fügte auch „Kindliches Wesen, kindlicher Glaube, Staunen" ein, als ich daran dachte, welchen Gesichtsausdruck der Engel während der ganzen Anbetungszeit hatte. Neben die Beschreibung des grünen Nebels schrieb ich: „Präsenz? Gegenwart Gottes? Wind des Geistes?"

Als ich gerade darüber nachdachte, dass die Dämonen vor dem Nebel zurückgeschreckt waren, und darüber staunte, wie sie reagiert hatten, als der Nebel zu wirbeln begann, verkündete die Person auf der Bühne, alle Kinder und Jugendlichen dürften nun in ihre Sonntagsschulklassen gehen. Ich notierte schnell noch: „Verscheuchte sie" und warf mein Notizbuch in meinen Rucksack.

Die Kirche hatte zwei Gebäude, die durch einen Parkplatz getrennt waren. In dem einen Gebäude waren der Gottesdienstraum und die Räume für die Kinder, im anderen die Verwaltungsbüros und der Raum, in dem sich die Jugendlichen trafen.

Ich ging durch die Türen des Gottesdienstraums und über den Parkplatz zum anderen Gebäude, in dem sich die etwa zwanzig anderen Kinder der Jugendgruppe trafen. Ich ging hinter der Gruppe her und war in Gedanken immer noch bei dem, was ich während des Gottesdienstes gesehen hatte.

Obwohl das Sehen im Geist für mich so selbstverständlich war wie das Sehen von allem anderen, war es eine ganz andere Sache, die Dinge, die ich sah, zu verstehen. Manches von dem, was ich sah, war leicht und intuitiv zu verstehen. Ein Engel, der während eines Gottesdienstes tanzt, betet wahrscheinlich an. Ein Engel, der mit einer Waffe in der Hand stramm in der Nähe einer Tür steht, ist wahrscheinlich ein Schutzengel. Andere Dinge, wie der grüne Nebel, den ich zuvor gesehen hatte, waren nicht so klar. Ich konnte die Bedeutung dahinter ahnen, aber wie ein vergessenes Wort, das einem auf der Zunge liegt, konnte ich diese Bedeutung nicht verbalisieren.

Ich schaute auf die Schar Kinder auf dem Weg zum Jugendgebäude. Alle schienen noch von dem zu leuchten, was in den letzten Augenblicken des Gottesdienstes geschehen war. Worte wie „läuternd“, „gesegnet“ und „Präsenz“ kamen mir in den Sinn, aber keines traf es wirklich genau. Ich wälzte diese Dinge in meinem Kopf hin und her und war etwas frustriert, weil nichts Sinnvolles dabei herauskam, als mich plötzlich eine dunkle Vorahnung überkam.

Eine Schwere legte sich auf mich vom Scheitel bis zu den Schultern und veranlasste mich, nach oben zu schauen. Obwohl es ein heller und sonniger kalifornischer Tag war, ließ das, was ich am Himmel sah, diesen dunkler erscheinen, als wenn er voller Regenwolken gewesen wäre. Ein riesiger Vogel mit ausgefransten schwarzen Federn und einem Hakenschnabel kreiste direkt über dem Parkplatz. Aus der Entfernung war es schwer zu schätzen, aber auf den ersten Blick schien er eine Spannweite von mindestens 6 m zu haben. Ich wusste nicht genug über Vögel, um beurteilen zu können, ob er eher wie ein Bussard oder wie ein Falke aussah, aber selbst für mein ungeübtes Auge war klar, dass es sich um einen Raubvogel handelte.

Ich erkannte den großen Vogel sofort als einen Fürsten, als ein dämonisches Wesen, das versucht, eine Stadt oder Region zu beeinflussen; und obwohl ich schon häufig ähnliche solcher Wesen gesehen hatte, hatte ich, abgesehen von den wenigen Hinweisen auf sie in der Bibel, kaum eine Ahnung davon, was diese großen, bestialischen Wesen taten. Es war nicht das erste Mal, dass ich diesen riesigen Vogel sah. Er flog schon, seit ich dort lebte, über der Region. Was mir aber einen Schauer über den Rücken jagte, war nicht seine Gegenwart, sondern die Tatsache, dass er unmissverständlich mich und die anderen Jugendlichen direkt anstarrte.

Sein Blick wanderte von einem Kind zum nächsten hin und her, wie bei einem Raubtier, das sich seine Beute aussucht. Ich sah in fröstelnder Stille zu, wie seine Augen über mich hinwegschweiften und sich dann auf zwei Mädchen richteten, die ein paar Meter vor mir gingen. In rascher Folge schossen mir Bilder durch den Kopf: Kinder und Eltern, die sich gegenseitig anbrüllen, Kinder, die von zu Hause weglaufen, Drogenmissbrauch, Obdachlosigkeit, Krankheit, Trauer. Jedes Bild zog mir in weniger als einer Zehntelsekunde durch den Kopf, verschwommen und verzerrt, aber jedes war von dem Schmerz durchdrungen, mit ansehen zu müssen, wie das Leben eines Menschen aus den Fugen gerät. Mein hilfloses Grauen erreichte seinen Höhepunkt, als der gewaltige Vogel sich in hohem Bogen herabstürzte.

Ich wollte eine Warnung ausrufen, aber meine Lippen wollten sich nicht bewegen. Ich wollte rennen und sie aus dem Weg schieben, aber meine Beine waren wie gelähmt. Es dauerte länger, als ich erwartet hatte, bis die Bestie den Boden erreichte; sie war viel höher gewesen, als ich vermutet hatte. Als sie auf die Erde herabstürzte, wurde mir klar, dass sie mehr als doppelt so groß war, wie ich angenommen hatte, vielleicht sogar noch größer als das.

Tränen stiegen mir in die Augenwinkel, als ich zu den beiden Mädchen hinsah, die sich ihrer Gefahr nicht bewusst waren und in einer lockeren Unterhaltung kicherten, während sie den Parkplatz überquerten.

Der große schwarze Vogel kam rasend schnell herab, die Flügel angelegt, den Schnabel wie die Spitze eines Speeres direkt auf die Mädchen gerichtet. Eines der Mädchen musste wohl etwas Lustiges gesagt haben, denn kurz vor dem Aufprall warfen beide Mädchen den Kopf in den Nacken und lachten hemmungslos. Alles ging so schnell, dass ich mir nicht ganz sicher war, in welcher Reihenfolge es geschah. Der Vogel verschwamm vor meinen Augen, so schnell stieß er herab. Die Mädchen lachten. Es gab einen grellen Blitz aus blassgrünem Licht, und der monströse Vogel krachte in das Licht, als sei es meterdicker Stahl. Er prallte daran ab und blieb irgendwo hinter mir verletzt am Boden liegen.

Die lähmende Angst schmolz so gründlich dahin, dass sie sich augenblicklich wie eine ferne Erinnerung anfühlte. Die Mädchen gingen und redeten fröhlich weiter, ohne ein Anzeichen, dass sie gemerkt hätten, was gerade geschehen war. Ich stand in fassungslosem Staunen da und drehte mich gerade noch rechtzeitig um, um zu sehen, wie der dämonische Fürst davonflog. Sein Flügelschlag stotterte und war arhythmisch, was an seinen beschädigten Sehnen und gebrochenen Knochen lag.

Ich schüttelte den Kopf und versuchte zu erfassen, was ich gerade gesehen hatte. Ich konnte mich an die Angst erinnern, die ich gefühlt hatte, aber da das Gefühl weg war, war es schwer zu verstehen, warum ich mich so gefürchtet hatte. Es schien albern, obwohl es noch nicht lange her war. Ich konnte mir nicht erklären, warum sich dieser dämonische Fürst ausgerechnet heute zum Angriff entschlossen hatte. War es das Gespräch der Mädchen, das den Dämon zurückschlug? War es das, was bei der Anbetung geschehen war?

Ich fummelte mein Notizbuch aus meinem Rucksack und skizzierte grob, was ich gesehen hatte. Als ich fertig war, sah ich, dass fast alle anderen Kinder das Jugendgebäude bereits betreten hatten. Ich beeilte mich, ihnen zu folgen, hielt dann aber nochmals an und schrieb schnell einen letzten Gedanken auf: „Es schien wirklich so, als sei es das Lachen gewesen, das es bewirkt hat." Dann warf ich das Notizbuch in meinen Rucksack und rannte, um die anderen einzuholen.

Wie man gewinnt

Es ist mir nie leichtgefallen, über Dämonen zu sprechen. Das liegt nicht daran, dass sie zu beängstigend wären oder dass ich eine Gegenreaktion fürchten würde, sondern daran, dass die meisten Menschen entweder sehr viel Angst vor dem Thema haben und es deshalb lieber ganz meiden wollen oder so sehr darauf fixiert sind, dass ich dies nicht noch verstärken möchte. Außerdem möchte ich den Plänen und Absichten des Feindes keine große Aufmerksamkeit schenken, da es so viele Pläne und Absichten des Himmels gibt, die wir erkennen sollten. Aus diesen und anderen Gründen, auf die ich später in diesem Buch näher eingehen werde, habe ich, vor allem in den letzten Jahren, sehr wenig über Dämonen gesprochen.

„Aber es wäre einfach sehr hilfreich, mehr zu wissen. Es wäre so viel einfacher, uns zu schützen, wenn wir wüssten, was der Feind tut. Es würde uns helfen zu wissen, wie wir beten sollen", sagen die Leute normalerweise, wenn sie mich dazu drängen wollen, mehr über das Dämonische zu sprechen. Und obwohl ein Teil von mir dem immer zugestimmt hat, war ich selten zufrieden mit den Folgen, die sich aus der Beschäftigung mit diesen Fragen ergaben. Wenn ich über das Dämonische sprach, hatten die Menschen hinterher fast immer Angst oder konzentrierten sich zu sehr auf das Finstere.

Unzerstörbar ist mein drittes Buch über das Sehen im Geist. In meinem ersten Buch, *Durch den Schleier sehen,* habe ich berichtet, wie ich lernte, die Dinge, die ich sehe, und den Zweck dahinter zu verstehen. In meinem zweiten Buch, *Vollkommen gut,* ging es darum, dass die Gabe des Sehens im Geist dazu da ist, uns in eine tiefere und persönlichere Beziehung zu Gott einzuladen und dass jeder Christ nach dieser Gabe streben kann.

In *Durch den Schleier sehen* habe ich nur so viele Geschichten über Dämonen aufgenommen, wie nötig waren, um ein klares Bild davon zu erhalten, wie die geistliche Welt funktioniert, und um einige meiner frühen Erfahrungen mitzuteilen, bevor ich diese Gabe verstanden habe. *Vollkommen gut* hatte noch weniger Hinweise auf das Dämonische und konzentrierte sich fast ausschließlich auf Gott und seine Güte. Mitten in meiner Vorbereitung auf das Schreiben jenes Buches sprach der Herr zu mir:

„Ich möchte, dass du ein Buch über geistliche Kampfführung schreibst", sagte er.

„Oh nein", antwortete ich und langte mir an die Stirn, „alles andere, nur nicht das."

Er reagierte nicht auf meinen Einwand.

„Aber es gibt doch bereits so viele Bücher über geistliche Kampfführung", sagte ich und suchte nach einer Ausrede. „Es gibt schon jede Menge wirklich gute."

„Ich möchte, dass *du dein* Buch über geistliche Kampfführung schreibst", sagte er und legte dabei großen Wert auf *du* und *dein*.

„Aber es hat noch nie geholfen. Es macht den Menschen Angst. Sie flippen aus oder werden verwirrt oder aufgewühlt."

„So wird es nicht sein."

Als er die letzten Worte sprach, kamen all die Erinnerungen in meinem Kopf wieder hoch – all die Male, als ich versuchte, den Menschen etwas über die Dämonen zu sagen, die ich auf ihnen oder um sie herum sah. Ich erinnerte mich an die angstvollen, schmerzvollen und verwirrten Blicke, die das bewirkt hatte. Und all die Gründe, warum ich aufgehört hatte, über Dämonen zu sprechen, kamen ebenfalls wieder hoch. Dann fühlte ich, wie sich die Gegenwart Gottes in meine Erinnerungen einflocht und ich sie plötzlich ganz anders wahrnahm.

Statt verängstigt und verwirrt zu sein, blickten die Menschen zuversichtlich und erleichtert drein. Ihre Augen fingen an zu leuchten. Sie stellten sich aufrecht hin. Die Gegenwart Gottes umgab sie vollständiger. Fesseln fielen von ihren Handgelenken ab. Schnitte und Prellungen verblassten. Sie wurden heil.

Ich spürte, wie sich Tränen bildeten, als ich ein Bild der Freiheit nach dem anderen sah. Ich hatte immer gehofft, diese Freiheit weitergeben zu können; es war mir aber nie gelungen. Dreißig Jahre lang hatte ich mit angesehen, wie Menschen durch die Hände des Feindes hatten leiden müssen. Ich sah, dass Menschen immer wieder den gleichen Fallen zum Opfer fielen, sich in unnötiger Bitterkeit verfingen, Jahrzehnte mit einer unbedeutenden, fadenscheinigen Lüge kämpften und dazu verführt wurden, an ein sorgfältig ausgearbeitetes Trugbild zu glauben, und egal, was ich sagte, es schien nie zu helfen.

„Ich möchte, dass du ein Buch über geistliche Kampfführung schreibst", sagte er, diesmal etwas sanfter. „Ich möchte, dass du ihnen sagst, wie sie gewinnen können."

„OK", sagte ich und wischte mir die Tränen aus dem Gesicht. „Was soll ich sagen?"

Wie man das Beste aus diesem Buch herausholt

Dieses Buch ist die Zusammenfassung von dreißig Jahren, in denen ich die Pläne des Feindes und ebenso die des Himmels beobachtet habe. Mein Ziel ist es, dir zu erklären, wie du die ersteren verstehen und abwehren und gleichzeitig ein Meister der letzteren werden kannst.

Zu diesem Zweck findest du hier einige Hinweise, die dir helfen sollen, das Beste aus diesem Buch herauszuholen:

1. Dies ist kein Buch über Dämonen.

Meine Überzeugung, dass wir uns immer auf die Dinge des Himmels konzentrieren sollten, ist nicht im Geringsten ins Wanken geraten, auch wenn der Heilige Geist mich in meiner Annahme korrigiert hat, dass ich das Thema Dämonen aufgrund der Verwirrung und der Angst, die es verursachen kann, vermeiden sollte. Alle Berichte und Einzelheiten über das Dämonische in diesem Buch sollen dir helfen, alles zu vermeiden, was dich davon abhalten oder ablenken könnte, in der Beziehung zu deinem himmlischen Vater zu wachsen und sein Reich in allen Teilen der Erde freizusetzen.

2. Habe keine Angst.

Eine der gängigsten Taktiken des Feindes besteht darin, die Lüge aufrechtzuerhalten, dass es besser, sicherer oder leichter sei, das Dämonische nicht zu kennen. In Wahrheit geschehen die Dinge, die in diesem Buch erzählt werden, ob wir uns ihrer bewusst sind oder nicht. Unwissenheit schützt und bewahrt uns nicht. Die tiefere Wahrheit ist, dass die Angst nichts mehr zu sagen hat, wenn wir das Dämonische aus der Perspektive des Himmels betrachten. Wenn wir nicht das Risiko eingehen, die Dinge, die wir fürchten, aus Gottes Perspektive zu betrachten, berauben wir uns der Möglichkeit, in unserem Glauben zu wachsen. Du musst nicht mutig sein, sondern nur wissen, wer bei dir ist.

3. Du wirst dich ändern müssen.

Es mag anmaßend oder hart erscheinen, aber meiner Erfahrung nach sind Wachstum und Veränderung wesentlich dafür, dass sich das Reich Gottes in deinem Leben offenbart. Einige von euch werden ihre Denkweise ändern müssen, andere ihr Verhalten und noch andere ihre Überzeugungen. Diese Änderungen werden dir nicht den Segen des Himmels einbringen; das hat das Blut Jesu bereits für dich getan. Aber sie werden dich dafür zurüsten, diesen Segen zu empfangen und ihn weiterzutragen.

In diesem Buch wirst du Bereiche finden, in denen du stark bist, aber auch Bereiche, in denen du schwach bist. Um dir bei letzteren zu helfen, empfehle ich zu jedem Thema, das wir erörtern, weitere Ressourcen. Solltest du in einem bestimmten Kapitel oder Absatz feststellen, dass du hier noch Wachstumsbedarf hast, dann nimm das empfohlene Material zu Hilfe. Andere haben in Bezug auf einige dieser Themen viel tiefere Offenbarungen empfangen als ich, und deshalb ermutige ich dich, ihre Stärken zu nutzen. Sie alle waren für mich eine große Quelle des Wachstums.

*****

Nun möchte ich noch kurz auf die Struktur dieses Buches eingehen. Ich habe mich bemüht, das zusammenzutragen, was ich nach über dreißig Jahren des Sehens im Geist über den geistlichen Kampf gelernt habe. Um all dies so klar und prägnant wie möglich zu vermitteln, habe ich das Thema in vier große Themenbereiche unterteilt.

Teil 1, *Kontext und Grundlagen,* behandelt einen Teil meiner persönlichen Geschichte mit geistlicher Kampfführung sowie einige der Grundlagen, die uns helfen zu verstehen, welche Art von Krieg wir führen und welche nicht.

Teil 2, *Taktiken und Fallen,* beschreibt viele der Wege, wie der Feind versucht, Gottes Volk anzugreifen und zu täuschen. Hier findest du etliche meiner Erfahrungen, wie der Feind gegen Menschen vorgegangen ist, sowie einige Möglichkeiten, wie man erkennen kann, ob man unter einem solchen Angriff steht.

Teil 3, *Unzerstörbar werden,* befasst sich nicht nur damit, wie wir die Angriffe des Feindes abwehren können, sondern auch damit, wie wir unser Leben so gestalten können, dass seine Angriffe kaum oder keine Auswirkungen auf uns haben.

Teil 4, *Die Siegerseite,* veranschaulicht, wie wir in unserem geistlichen Kampf eine offensive Haltung einnehmen können – sodass wir nicht nur die Angriffe des Feindes abwehren, sondern Gottes Königreich auf der Erde freisetzen.

Ich glaube zwar, dass diese Aspekte der geistlichen Kampfführung zutiefst voneinander abhängig und im Wesentlichen Teil desselben Ganzen sind, denke aber, dass wir besser verstehen können, wie sie zusammenwirken, wenn wir sie voneinander trennen und jeden einzelnen genauer anschauen.

Ich hoffe, dass du dabei entdeckst, dass Gott dich nicht nur beschützt, sondern auch ausgestattet hat, um dich selbst zu schützen. Er bringt nicht nur sein Reich voran, sondern hat dich auserwählt, es zusammen mit ihm zu tun. Und du bist nicht nur in der Lage, deine Zeit auf diesem Planeten zu überleben, sondern dazu berufen, zu leuchten.

TEIL I

Kontext und Grundlagen

Denn in ihm ist alles in den Himmeln und auf der Erde geschaffen worden, das Sichtbare und das Unsichtbare, es seien Throne oder Herrschaften oder Gewalten oder Mächte: Alles ist durch ihn und zu ihm hin geschaffen.

Kolosser 1,16

Meine ersten beiden Bücher, *Durch den Schleier sehen* und *Vollkommen gut,* haben sich beide auf die Gabe des Sehens im Geist konzentriert. Und obwohl dieses Buch, wie ich bereits erwähnt habe, aus der Perspektive dieser Gabe geschrieben ist, geht es diesmal nicht um die Gabe selbst. Trotzdem möchte ich ein wenig praktisches Wissen darüber vermitteln, wie diese Gabe funktioniert, damit diejenigen, die meine früheren Bücher nicht kennen, nicht allzu desorientiert sind und das Beste aus diesem Buch herausholen können.

Die beste Sprache, die ich gefunden habe, um zu beschreiben, wie ich die Dinge, die ich sehe, interpretiere, ist, dass ich sie als „sinngemäße Metapher" betrachte. Ich sehe Engel und Dämonen mit meinen physischen Augen, aber sie sind keine physischen Wesen. Im Moment steht zum Beispiel ein Schutzengel im Eingang meines Hauses. Er ist etwa zwei Meter fünfzig groß, trägt eine Lederrüstung und hält einen langen Speer. Er ist schlank und muskulös, hat graue Stellen im Haar und mehrere Falten im Gesicht.

Ich glaube, dass dieser Engel sinngemäß als Beschützer hier ist, glaube aber nicht, dass sein Schutz so ist, wie wenn er physisch hier wäre. Ich glaube zum Beispiel nicht, dass dieser Engel in meiner Tür steht und nach Dämonen Ausschau hält, die versuchen könnten, sich einzuschleichen, wenn ich meine Post hole. Ich glaube nicht, dass, falls ein Dämon eindringt, meine Sicherheit davon abhängt, ob dieser Engel ihn in einem Kampf oder einem Kräftemessen besiegen würde. Das wäre meiner Meinung nach eine zu wörtliche Interpretation des Geistes.

Warum ist der Engel also dann überhaupt hier, und warum hält er eine Waffe? Meine Haustür ist der physische Eingang zu meinem Haus; sie ist nicht der einzige, aber der Haupteingang. Das ist physisch und symbolisch bedeutsam. Der Engel, der dort steht, ist sozusagen eine Ansage: Mein Haus ist geschützt.

Dies ist nur grob beschrieben, wie das Sinngemäße und das Metaphorische zusammenhängen. Alle Details sind ebenfalls wichtig. Der Engel trägt eine Lederrüstung, die leicht und flexibel ist, ein Detail, das damit übereinstimmt, wie der Engel mir und meiner Familie folgt, wenn wir zusammen reisen. Der Engel hält einen Speer, eine lange Waffe, die den Feind in sicherer Entfernung halten soll. Dieses Detail lässt vermuten, dass die Art des Schutzes, den der Engel bietet, den Feind fernhält. Ich glaube nicht, dass Engel altern, zumindest nicht so wie wir, weshalb seine grauen Haare und seine Gesichtsfalten eher auf seine Erfahrung und Reife als auf sein Alter hinweisen.

Die Details werden ab da nur noch feiner, von seiner Haltung, wenn er steht, bis zu seinem Ausdruck, wenn er wachsam in die Ferne schaut. Der Punkt ist, dass diese Details im Gegensatz zur physischen Welt nicht nur das willkürliche Ergebnis von Zeit und Umständen, sondern Ausdruck einer geistlichen Realität sind. Eine sinngemäße Metapher.

Ich sage dies, damit du beim Lesen nicht vergisst, sowohl nach dem Sinngemäßen als auch nach dem Metaphorischen zu suchen. Wenn du Geschichten über Engel und Gottes Gegenwart liest, achte darauf, wie die Details und Umstände Gottes Wesen und Reich zum Ausdruck bringen. Wenn du Geschichten über Dämonen und Täuschung liest, achte darauf, welche Einblicke ihr Handeln und ihr Aussehen geben, um ihre Taktiken und Fallen zu meiden.

Die folgenden Kapitel bieten ein wenig Hintergrundinformation zu meinen Erfahrungen mit dem Sehen im Geist und dem geistlichen Kampf sowie einige wichtige Grundlagen dafür, wie wir uns am besten in diesem Kampf verhalten.

KAPITEL 1

Hell und dunkel

Und das Licht scheint in der Finsternis, und die Finsternis hat es nicht erfasst.

Johannes 1,5

Seit ich mich erinnern kann, habe ich Engel und Dämonen gesehen. Als ich jung war, vermischten sich diese offenen Visionen gleichmäßig mit allen anderen Dingen, die ich sah. Einen Mann, der mit einem Dämon auf der Schulter die Straße entlangging, fand ich nicht ungewöhnlicher als einen, der mit seinem Hund Gassi ging. Ein 5 m großer Engel mit einer Tunika in Türkis und Gold war nicht auffälliger als ein Feuerwehrmann oder Polizist in der Uniform seines Berufes. Jeder Teil der Welt, ob geistlich oder nicht, war für mich genauso interessant und neu.

In den ersten Jahren meines Lebens sah ich Engel und Dämonen etwa gleich häufig, und lange Zeit machte mir keiner der Dämonen, die ich sah, Angst oder beunruhigte mich. Es war, als stünde eine unsichtbare Barriere zwischen mir und den Dingen, die ich sah. Einen Dämon zu sehen, war nicht furchterregender als einen Löwen im Zoo durch fünfundzwanzig Zentimeter Glas zu sehen. Natürlich hatte ich eine vage Vorstellung davon, dass das Ding, das ich sah, ein gefährliches Raubtier war, aber ich fühlte mich völlig sicher, ob das nun an meiner kindlichen Unerfahrenheit mit echter Gefahr lag oder an dem Gefühl, durch die unsichtbare Barriere zwischen uns von ihm getrennt zu sein.

Ich erinnere mich an einen Abend, als meine Familie und ich von einer späten Veranstaltung in der Kirche nach Hause fuhren. Ich lag auf dem Rücksitz und schaute aus dem Seitenfenster auf die vorbeifliegenden Straßenlaternen. Nach einigen Minuten kroch ein grauhäutiges und zotteliges Wesen zum Fenster herauf. Es war so groß wie eine große Hauskatze, mit fledermausähnlichen Flügeln und übergroßen Ohren. Sofort fing der Dämon an, mit seinen krallenartigen Händen gegen das Fenster zu schlagen und zu kratzen. Er zischte so stark, dass es Speichelflecken auf dem Glas hinterließ.

Obwohl ich sein Verhalten eindeutig als aggressiv einstufte, fühlte ich lediglich eine vage Neugierde, als ich dieses Wesen ansah. Nach ein paar Minuten langweilte ich mich und schlief ein. Am nächsten Morgen erzählte mir mein Vater, ein betrunkener Fahrer sei auf dem Heimweg fast auf uns aufgefahren. Er habe eine rote Ampel überfahren müssen, um ihm auszuweichen, und er habe Glück gehabt, rechtzeitig in den Rückspiegel geschaut zu haben, um das Auto heranrasen zu sehen.

Meine Eltern wussten nicht, dass ich diese Dinge sah. Sie waren hingegebene Christen und Missionare, aber die Gemeinden, die wir damals besuchten, glaubten nicht, dass die Gaben des Geistes auch für heute da waren. Das gab ihnen keinen Grund, nach Anzeichen von Gaben Ausschau zu halten, und mir keinen Grund zu vermuten, die Dinge, die ich sah, seien in irgendeiner Weise ungewöhnlich. Diese Unwissenheit auf beiden Seiten blieb für den größten Teil meiner Kindheit bestehen. Erst mit neun Jahren wurde mir allmählich klar, dass ich etwas erlebte, was andere nicht erlebten.

Es begann zunächst nur langsam. Wenn ein Vierjähriger sagt, dass er einen riesigen fliegenden Hund oder eine tanzende goldene Dame sieht, bekommt er ein nachsichtiges Lächeln von den meisten Erwachsenen, während die anderen Vierjährigen darüber begeistert sind. Wenn ein Sechsjähriger es sagt, ist das Lächeln weniger nachsichtig und die reiferen Sechsjährigen rollen mit den Augen. Und wenn ein Achtjähriger es sagt, gibt es kein Lächeln mehr und sowohl Erwachsene als auch Kinder fragen in einem verwirrten Ton: „Was meinst du?“

Durch häufige Reisen während meines Aufwachsens als Missionarskind hatte ich gelernt, dass manche Dinge, die in dem einen Land völlig akzeptabel waren, in einem anderen Land unhöflich und krass waren. Zunächst erklärte ich mir diese unterschiedlichen Reaktionen als ein einfaches kulturelles Missverständnis. Vielleicht war es unhöflich, über die goldenen Damen zu sprechen. Vielleicht dachten die Leute, der riesige fliegende Hund sei peinlich und es sei unhöflich, ihn zu erwähnen.

Diese Erklärungen schienen mir selbst damals eher fadenscheinig, aber bevor ich die Teile vollständig zusammenbringen konnte, änderte sich völlig die Art und Weise, wie ich die Dinge erlebte, die ich sah.

Ich war neun Jahre alt, und es war eine Nacht wie jede andere. Meine Mutter brachte mich ins Bett und ließ die Tür gerade so weit aufstehen, dass ein Lichtstrahl aus dem Flur hereinschien. Nach einigen Minuten, kurz bevor ich meine Augen schloss, verdunkelte etwas das Licht der Türöffnung.

Ich stütze mich auf einen Ellbogen und drehte mich um, um nachzusehen. Ein Schatten schlich durch die schmale Öffnung der Tür. Er lief an mir vorbei, an der Seite des Bettes entlang und blieb am Fußende des Bettes stehen. Sein einziges auffälliges Merkmal waren ein Paar milchig-weiße Augen in der Mitte seines unförmigen Kopfes. Ich beobachtete es mehr mit Neugier als mit Sorge. Dann blitzten seine weißen Augen auf, und ich fühlte eine solche Angst wie noch nie zuvor in meinem Leben.

Mein ganzer Körper verkrampfte sich, und ich hatte das Gefühl, mit einem Dutzend Bleidecken an mein Bett gefesselt zu sein. Mein Blick war auf die milchigen Augen des Schattens gerichtet. Panikschübe schossen durch meinen Körper, die abwechselnd zu Hitze- und Kältewallungen führten. Ich ertrank in absoluter Angst.

Nach einer langen Zeit, in der ich gegen steife Gliedmaßen und gereizte Nerven ankämpfte, gelang es mir, mich auf den Bauch zu drehen, den Augenkontakt mit dem Schatten zu unterbrechen und einzuschlafen. Als ich am nächsten Morgen aufwachte, waren die Angst und der Schatten verschwunden.

Als ich an diesem Tag zur Schule ging und meinen normalen Alltag durchlebte, sah ich Dämonen und Engel, wie es für mich üblich war. Ich fühlte keine der Ängste, die am Vorabend so überwältigend präsent gewesen waren. Ich begann zu hoffen, dass das, was mit dem Schatten geschehen war, nichts weiter als ein Zufall war. Diese Hoffnungen wurden zunichte gemacht, als ich den Schatten später am Abend am Fuß meines Bettes wartend vorfand.

Meine Mutter deckte mich zu und gab mir einen Gutenachtkuss. Sobald sie den Raum verließ, blitzten die weißen Augen auf, und wieder ertrank ich in einem Meer der Angst. Der ganze Prozess begann von vorne.

Eine detailliertere Darstellung der Dinge, die ich in den folgenden Tagen und Wochen sah, findet sich in meinem ersten Buch, *Durch den Schleier sehen.* Ich beschreibe es hier nur knapp, und du kannst es nachlesen, wenn du willst. Aber ich denke, eine kurze Zusammenfassung ist für unsere Zwecke hier ausreichend.

Nach ein paar Nächten wurde der Schatten durch eine Aneinanderreihung von schrecklichen Bildern ersetzt – angsteinflößende Visionen von Dingen, die schrecklicher waren, als ich sie in meinem kurzen Leben je erlebt hatte. Dreidimensionale Bilder von Gewalt und Verderbtheit tanzten jede Nacht durch mein Zimmer, extremer als alles, was mir je in einem Film oder Buch begegnet war.

Jede Nacht sah ich schreckliche Dinge, und jede Nacht wurden sie schlimmer. Ich brauchte manchmal Stunden, um einzuschlafen. Nach einer Weile bekam ich Herzklopfen, sobald ich merkte, dass die Sonne unterging. Ich wusste nicht, ob ich verrückt wurde oder ob ich zufällig ausgewählt worden war, um mein Leben von den Mächten der Hölle ruinieren zu lassen. Und zu diesem Zeitpunkt wusste ich nicht, was davon mir lieber war.

Ich hatte zu viel Angst, um meinen Eltern von den Dingen zu erzählen, die ich sah, weshalb ich ihnen einfach sagte, ich hätte Albträume. Sie haben ihr Bestes getan, um mir zu helfen, aber nichts hat funktioniert. Egal, welche Bibelstelle ich zitierte, egal, welches Gebet ich betete, egal, was ich tat, es wurde dreieinhalb Jahre lang jede Nacht nur schlimmer.

Durchbruch

Als ich zwölf Jahre alt war, begannen wir, eine Gemeinde zu besuchen, die alle ihre Mitglieder ermutigte, in den Gaben des Geistes zu wachsen, insbesondere in der Prophetie. Meine Mutter meinte, ich solle in einen der prophetischen Kurse gehen. Als dann der Lehrer die verschiedenen Arten beschrieb, wie wir Gottes Stimme hören können, hatte ich das Gefühl, als würde nach Jahren, in denen es nichts als dunkle Gewitterwolken gegeben hatte, endlich die Sonne durchbrechen.

Er sprach darüber, dass wir manchmal Gottes Stimme hören, so wie wir einander hören, dass dies aber nicht die einzige Art und Weise sei, wie Gott spreche. Gott könne durch Bilder vor unserem geistigen Auge sprechen, durch eine leise Stimme in unserem Herzen oder durch Eindrücke und offene Visionen.

Es war das erste Mal, dass ich jemanden etwas Ähnliches wie das, was ich erlebte, beschreiben hörte. Und obwohl nichts, was der Mann sagte, mir Klarheit darüber brachte, warum ich diese nächtlichen Qualen erlebte, machte es mir gerade genug Mut, meinen Eltern alles zu erzählen, was mir in den letzten drei Jahren widerfahren war.

Meine Eltern nahmen mich mit, um mit einigen Leitern der Gemeinde zu sprechen, und obwohl keiner von ihnen die gleichen Erfahrungen gemacht hatte wie ich, hatten sie zumindest schon einmal von Leuten wie mir gehört. Ich erfuhr zum ersten Mal, dass die Dinge, die ich sah, mit einer von Gott gegebenen Gabe zu tun hatten.

Als das Treffen vorbei war, war ich extrem erleichtert. Ich hatte mich schon so gut wie damit abgefunden gehabt, dass ich entweder langsam meinen Verstand verlor oder dass der Teufel beschlossen hatte, mein Leben zu ruinieren, stellte aber nun fest, dass ich eine Gabe erhalten hatte. Diese Erkenntnis brachte mir mehr Frieden, als ich seit Jahren empfunden hatte, aber die wahre Schönheit dieser Offenbarung entdeckte ich erst später in dieser Nacht.

Ich legte mich in mein Bett und beobachtete, wie alles, was meines nächtlichen Leidens verursachte, zurückkehrte. Alle Schatten und Bilder waren genauso lebendig und beängstigend wie immer, aber ich merkte sofort, dass sich etwas verändert hatte. Seit meiner ersten Begegnung mit dem Schatten war ich jede Nacht von Angst überwältigt gewesen. Obwohl die Dinge, die ich sah, immer schlimmer und intensiver geworden waren, war das packende Gefühl der Angst, das sie begleitete, immer der schlimmste Teil von allem gewesen. Die eiskalte Angst pochte durch meine Adern und schoss durch meine Nerven, sodass sich alles, was ich sah, konkret, persönlich und verletzend anfühlte. Du kannst dir also vorstellen, wie „schockiert" ich war, als die Angst, die ein so beständiger Teil meines Lebens geworden war, völlig ausblieb.

Die Dinge, die ich in der ersten Nacht nach meinem Gespräch mit den Leitern der Gemeinde sah, waren genauso schrecklich und bedrohlich wie die Dinge, die ich in den Wochen zuvor gesehen hatte, aber sie waren nicht mit der Angst behaftet, die sie einst hatten. Und da der feindselige Einfluss der Angst verschwunden war, hatten die Bilder fast keine Wirkung mehr auf mich. Was ein überwältigendes Horrorszenario gewesen war, war nun nicht erschreckender als ein schlechtes Puppenspiel aus veralteten Halloween-Dekorationen.

Die dämonischen Bilder kamen in jener Woche noch jede Nacht, aber jede Nacht störten sie mich weniger. Nach dieser Woche kamen sie überhaupt nicht mehr. Dreieinhalb Jahre der Qualen waren zu Ende, und das alles aufgrund eines einzigen Gesprächs.

Grundlage 1

Ich habe viel darüber nachgedacht, warum ich diese Zeit der Angst und der Qualen durchgemacht habe. War es, weil ich einen wichtigen Ruf auf meinem Leben habe, den der Feind untergraben wollte? War es, weil ich eine Tür geöffnet hatte, die einen solchen Angriff ermöglichte? Hatte es etwas mit der Gegend zu tun, in der ich lebte, mit der Kirche, die ich besuchte, oder mit den Menschen um mich herum? Wenn ich lange genug nachdachte, konnte ich genug Gründe für jede dieser möglichen

Ursachen für meine Schmerzenszeit finden. Je reifer ich jedoch wurde, desto mehr kam ich zu der Überzeugung, dass dies die falschen Fragen waren.

Wenn ich mich frage, ob ich wegen des Rufs auf meinem Leben angegriffen werde, dann bin ich, aus Angst vor weiterer Strafe, versucht, vor diesem Ruf zurückzuschrecken. Ich fange an zu glauben, dass ich mich und meine Familie in Gefahr bringe, wenn ich auf Gottes Ruf eingehe. Das ist aber nur eine weitere Lüge, ein Trick, damit ich mich verstecke. Jeder Mensch auf diesem Planeten hat einen Ruf Gottes auf seinem Leben. Der Feind versucht alles, was er kann, um diesen Ruf zu untergraben, ob du ihm nun nachgehst oder nicht. Der sicherste Ort, an dem du sein kannst, ist im Zentrum dessen, wohin Gott dich berufen hat. An keinem anderen Ort wirst du so bevollmächtigt, ausgerüstet und fähig sein.

Wenn ich mich frage, ob ich eine Tür geöffnet habe, um dem Feind einen Angriff zu ermöglichen, bin ich versucht, Scham, Wahrnehmungsverzerrung und Selbstzweifeln zu erliegen. Nachdem ich dann in meinem Leben herumgewühlt und verzweifelt nach dem Grund für diese Situation gesucht habe, beginne ich an meiner Fähigkeit zu zweifeln, Gott zu hören und zu erkennen, was ich tun muss. Ich beginne zu glauben, dass meine Fehler unüberwindbar sind. Dies ist nur eine weitere Lüge. Alle haben gesündigt und die Herrlichkeit verfehlt, die sie vor Gott haben sollten (vgl. Röm 3,23). Du hast Fehler, sogar fatale, aber alle anderen auch. Gott ist der Einzige, der unsere Fehler in Ordnung bringen und uns lehren kann, wie wir die ungesunden Türen in unserem Leben schließen können. Unsere Selbstbeobachtung ist der verwandelnden Kraft seiner Gnade nur selten eine Hilfe. Wir müssen wachsen und uns verändern, aber das können wir nur mit ihm tun.

Wenn ich mich frage, ob der Angriff wegen meiner Umgebung, meiner Kirche oder der Menschen um mich herum geschieht, dann bin ich versucht, Bitterkeit und Groll zu hegen. Alles, was mit meiner Umgebung und den Menschen in ihr nicht stimmt, wird plötzlich hervorgehoben. Ich fange an, alle zu beschuldigen und distanziere mich. Dies führt zu einer der ruchlosesten Fallen des

Feindes: der Isolation. Es stimmt, dass es in deiner Umgebung, deiner Kirche und den Menschen um dich herum Mängel gibt. Es ist aber auch wahr, dass Gott einen Plan hat, seine Güte und Herrlichkeit in deiner Umgebung, deiner Kirche und den Menschen um dich herum freizusetzen.

Der Feind stiehlt, weil er ein Dieb ist. Er tötet, weil er ein Mörder ist. Er zerstört, weil er ein Zerstörer ist. Wenn man sich zu sehr darauf konzentriert, warum und wie der Feind tut, was er tut, führt das zu endloser und fruchtloser Selbstbeobachtung.

Ich betone dies, weil ich eines der grundlegenden Dinge ansprechen möchte, die wir verstehen müssen, wenn wir von der Gewinnerseite aus kämpfen wollen.

Grundsatz 1:

Der geistliche Kampf ist ein Kampf zwischen Licht und Finsternis.

Dies ist völlig offensichtlich, aber so viele Christen verkennen die mächtigen Auswirkungen dieser grundlegenden Wahrheit völlig. Gott, sein Reich, seine Absichten und seine Kinder beschreibt die Bibel oft mit „Licht." Und die Sünde, den Feind und seine Machenschaften beschreibt sie häufig mit „Finsternis." Die Bibel verwendet vielfach das Bild von Licht und Finsternis, um die Wechselwirkung zwischen diesen beiden Kräften zu veranschaulichen.

Licht und Finsternis sind aber keine gleichwertigen Gegensätze. Gott und Satan befinden sich nicht in einem Kampf gleicher Kräfte. Licht hat nicht nur einen Vorteil gegenüber der Finsternis. Die Kräfte des Guten sind nicht nur stärker und sind den Kräften des Bösen nicht nur zahlenmäßig überlegen. Die Finsternis ist nichts anderes als die Abwesenheit von Licht.

Wenn ich in mein Büro gehe und das Licht anmache, gibt es keinen Kampf des Lichts, um die Finsternis zu vertreiben. Die Finsternis blättert nicht schichtweise ab wie ein Fleck, der vom Boden geschrubbt wird. Die Finsternis zieht sich nicht langsam zurück wie eine Pfütze, über die der Wind weht. Sie ist weg, sobald Licht da ist.

Der Kampf dreht sich nicht darum, ob das Licht die Finsternis besiegen kann, sondern ob das Licht an ist oder nicht.

Ich habe dreieinhalb Jahre lang Finsternis erlebt. Ich betete jedes Gebet, das mir einfiel, und jedes Gebet, das meine Eltern vorschlugen. Ich proklamierte Bibelverse über Stärke, Schutz und Bewahrung. Nichts hat geholfen. Warum war das wohl so?

Ich dachte, ich würde entweder verrückt werden oder der Teufel habe beschlossen, mein Leben zu ruinieren. In beiden dieser Überzeugungen war ich machtlos: „Entweder betrügt mich mein Verstand oder der Teufel greift mich an." Meine Gebete und Proklamationen waren machtlos, weil ich glaubte, ich sei machtlos. Ich ließ mich von diesem Glauben dazu verleiten, das, womit ich es zu tun hatte, vor meinen Eltern zu verbergen.

Dann hörte ich einen Mann darüber lehren, wie man die Stimme Gottes hören kann. Gott spricht zu den Menschen? In meinem Kopf ging ein kleines Licht an. Das genügte, dass sich meine Überzeugung zu ändern begann: „Entweder werde ich verrückt oder der Teufel hat beschlossen, mein Leben zu ruinieren, oder das hat etwas mit dem zu tun, was dieser Mann lehrte."

Es genügte, dass ich endlich das Gefühl hatte, andere in das Geschehen einweihen zu können. Dadurch wurde ein weiteres Licht eingeschaltet. Ich erfuhr, dass es eine geistliche Gabe gibt, die man „Sehen in die geistliche Welt" nennt. Auch andere Menschen haben diese Gabe. Wieder änderte sich meine Überzeugung: „Entweder werde ich verrückt oder der Teufel hat beschlossen, mein Leben zu ruinieren, oder ich habe eine Gabe von Gott, die ich noch nicht zu nutzen gelernt habe." In den ersten beiden Denkweisen war ich völlig machtlos, aber die dritte war anders.

Der Gedanke, dass ich eine Gabe hatte, die ich noch nicht zu nutzen gelernt hatte, änderte meine Perspektive völlig. Anstatt mir Gedanken darüber zu machen, warum der Feind mich angreifen konnte, dachte ich darüber nach, wie ich in dem wachsen konnte, wozu Gott mich geschaffen hat. Anstatt mir Gedanken darüber zu machen, was mit mir nicht stimmte, dachte ich darüber nach, wie ich anfangen konnte, die Dinge, die ich sah, zum Segen anderer zu nutzen.

Nach diesem Wandel meiner Denkweise sah ich nachts immer noch dämonische Dinge, aber die ganze Angst war verschwunden. Nach einer Woche harmloser und wirkungsloser Angriffe hörten sie ganz auf. Warum? Weil das Licht an war.

Kapitel 2

Ein Kampf um die Perspektive

Ihr seid aus Gott, Kinder, und habt sie überwunden, weil der, welcher in euch ist, größer ist als der, welcher in der Welt ist.

1. Johannes 4,4

Nach dreieinhalb Jahren voller Qualen, Verwirrung und Schmerz war ich völlig frei. Ich hatte jede Nacht Dämonen gesehen und große Angst erlebt, aber nach einem Gespräch war die ganze Angst verschwunden. Eine Woche später machten sich die Dämonen nicht einmal mehr die Mühe zu kommen. Jede Nacht war friedlich und erholsam – sechs Monate lang.

Nach sechs Monaten Frieden legte ich eines Nachts meinen Kopf auf mein Kissen und merkte sofort, dass mich die allzu vertraute Angst wie eine Welle von Eiswasser überspülte. Ich öffnete meine Augen und sah, dass ein schattenhafter Wirbel dunkler Bilder aus allen Ecken in mein Zimmer eindringen wollte. Ich sprang aus dem Bett und war sofort wütend. Dies war in meinem Leben schon einmal besiegt worden. Ich war ein Kind Gottes. Dies durfte nicht geschehen.

Ich lief in meinem Zimmer herum und stieß alle Proklamationen, Gebete und Bibelverse aus, die mir in den Sinn kamen.

„Gott hat mir *keinen* Geist der Angst gegeben. Ihr habt nicht das Recht, meine Ruhe zu stören oder meinen Schlaf zu unterbrechen. Ich bin ein Sohn Gottes und stehe unter seinem Schutz."

Ich trat gegen die Schatten, während sie weiter eindrangen. Ich schlug in die Luft, um jedes Gebet zu unterstreichen.

Ich bin von Natur aus ein eher sanftmütiger Mensch, aber nachdem ich so viel Freiheit erlebt hatte, war ich nicht bereit, dem Feind auch nur ein kleines Stück Boden zurückzugeben. Die Angst löste sich auf, als ich betete, dann kehrte sie zurück, dann verblasste sie, dann kehrte sie wieder zurück. Die Schatten folgten dem gleichen Muster. Sie drangen ein und zogen sich dann wieder zurück. Dieses Hin und Her ging wie ein geistliches Armdrücken bis ein Uhr morgens weiter. Schließlich merkte ich, dass sich etwas veränderte, und die Angst verschwand zusammen mit den wirbelnden Schatten. Erleichtert und erschöpft fiel ich wieder in mein Bett und schlief ein.

In der folgenden Nacht betrat ich kampfbereit mein Zimmer. Ich legte mich hin, angespannt und wachsam, in der Erwartung, dass die kalte Angst jeden Moment hereinströmen würde, aber sie kam nie. Die nächste Nacht war angstfrei, ebenso wie die Nacht danach. Es vergingen weitere sechs Monate, bis die Angst zurückkehrte.

Wiederum kam die Angst in dem Moment herein, als ich mich zum Schlafen hinlegte. Wieder sprang ich aus meinem Bett, und der gerechte Zorn pulsierte durch meine Adern. Und wieder betete und proklamierte ich, bis die Angst in den frühen Morgenstunden verschwand.

Weitere sechs Monate vergingen – ohne Angst. Sechs Monate danach – immer noch keine Angst. Ich begann zu glauben, die Angst habe endlich aufgegeben. Bis sie eines Nachts, als ich gerade am Einschlafen war, zurückkehrte. Diesmal waren meine Umstände jedoch etwas anders.

Ich hatte einen Sommerferienjob angenommen und musste am nächsten Morgen früh bei der Arbeit sein. Es war schon ziemlich spät. Ich wollte nicht bis ein oder zwei Uhr morgens aufbleiben, um zu beten und zu kämpfen. Ich war müde. Als sich die eisige Angst an meiner Wirbelsäule hochschlich, rollte ich mich auf die andere Seite, schloss die Augen und schlief ein.

In der folgenden Nacht war ich mir auf dem Weg ins Bett sicher, dass ich doppelt so hart kämpfen müsste wie zuvor. Ich legte mich ins Bett, angespannt vor unangenehmer Erwartung, aber nichts kam. Keine Angst, kein Schatten – es gab nichts. Die nächste Nacht war friedlich wie auch die Nacht danach. Es dauerte ein weiteres Jahr, bis die Angst einen Versuch machte zurückzukehren. Da dachte ich an das letzte Mal, als die Angst gekommen war. „Nun", dachte ich, „so war es viel einfacher." Also schlief ich einfach ein. Dieses Mal blieb die Angst mehr als zwei Jahre lang weg.

Bis heute versucht die Angst immer noch zurückzukommen, manchmal zweimal im Jahr, manchmal einmal im Jahr. Einmal war sie fünf Jahre lang ununterbrochen verschwunden. Sie hält in der Regel nur eine einzige Nacht an. Ich stehe nur dann auf und bete dagegen, wenn sie mich vom Einschlafen abhält oder mehr als eine Nacht dauert.

Eines Morgens stellte ich dem Heiligen Geist eine Frage, nachdem ich die meiste Zeit der vorangegangenen Nacht damit verbracht hatte, zu beten und zu proklamieren. „Warum muss ich manchmal dafür kämpfen?"

„Wofür kämpfst du?", fragte der Heilige Geist im Gegenzug.

Ich wollte gerade sagen: „Um die Angst loszuwerden", aber in dem Moment, in dem sich der Gedanke formte, erkannte ich, dass er falsch war. Gott hatte mir keinen Geist der Angst gegeben. Gott ist Licht; Angst ist Finsternis. Das Licht muss nicht kämpfen, um die Finsternis loszuwerden. Wenn ich kämpfe, um die Angst zu verjagen, dann ist das der falsche Kampf.

„Ich schätze, ich kämpfe, um mir die Wahrheit zu sagen", sagte ich. „Ich erinnere mich daran, wer ich bin. Ich erinnere mich daran, zu wem ich gehöre. Ich kämpfe darum, mich an meine Identität zu erinnern."

Ich spürte sein Lächeln.

Grundlage 2

Aufgrund meiner Erfahrungen als Kind war ich nie wirklich ein Fan von Gruselfilmen. Als Teenager ließ ich mich einige Male unter Druck setzen, sie anzusehen, aber ich bereute es jedes Mal. Die Bilder waren zwar immer harmlos im Vergleich zu den Dingen, die ich als Kind gesehen hatte, aber die Art von Angst, die sie hervorriefen, war nur allzu vertraut. Manchmal hatten Filme, die nicht besonders angsteinflößend waren, einen bestimmten Moment oder eine bestimmte Sequenz, die das gleiche Gefühl der Angst auslöste. Manchmal kam es durch andere Dinge. Einmal stieß ich in einem Freizeitpark auf ein interessantes Beispiel dafür.

Ich war siebzehn und wir wohnten in Südkalifornien. *Disneyland* verkaufte in diesem Jahr an die Anwohner Jahreskarten mit einem hohen Rabatt, sodass meine Eltern sie für die ganze Familie kauften. Ich hatte gerade meinen Führerschein bekommen, und wir wohnten nur zwanzig Minuten vom Park entfernt. Meine jüngeren Schwestern und ich nutzten das in diesem Sommer stark aus.

Disneyland hatte viele Achterbahnen und Attraktionen, die ich liebte, aber mein Favorit war die Indiana-Jones-Achterbahn. Diese hatte alles: Verfolgungsjagden, waghalsige Fluchtsituationen, riesige Animatroniken[1]; selbst der Platz, an dem man in der Schlange wartete, war wunderschön gestaltet. Es war toll. Ich liebte alles an der Fahrt – fast alles. Gegen Ende war eine große animatronische Schlange, und aus irgendeinem Grund löste diese Schlange bei mir das bekannte Gefühl der Angst aus. Es war so schlimm, dass ich jedes Mal, wenn wir zu diesem Teil der Fahrt kamen, die Augen schloss.

Wir gingen in diesem Sommer jede Woche zu *Disneyland.* Auch wenn wir normalerweise nur ein paar Stunden Zeit hatten, sorgte ich jedes Mal dafür, dass wir die Indiana-Jones-Achterbahn fuhren, und jedes Mal schloss ich die Augen, wenn wir die Schlange erreichten. Es störte mich, dass etwas, das ich sonst so genoss, durch etwas so Einfaches verdorben wurde. Die Achterbahn hatte viele andere unheimliche Elemente, aber keines davon störte mich. Warum beeinflusste mich diese große Schlange so stark? Jedes Mal sagte ich mir vor einer Fahrt, dass ich die Augen offen halten würde. Und jedes Mal, wenn wir um

[1] Als Animatronic (auch eingedeutscht Animatronik genannt) werden mechanisch, pneumatisch und elektronisch gesteuerte Figuren bezeichnet, die tiergestaltig oder anthropomorph sein können und in Vergnügungsparks, auf Jahrmärkten, vor großen Kaufhäusern und in der Filmindustrie für Unterhaltung sorgen sollen (Wikipedia, 28.08.2020).

die letzte Ecke kamen, sah ich die Schlange, spürte diesen Angstanfall und klemmte meine Augen zu.

Ich wusste, dass die Figuren der Achterbahn nicht echt waren. Ich wusste, dass die Schlange künstlich war. Ich wusste, dass keine Gefahr bestand, und dennoch hatte ich jedes Mal Angst.

Eines Tages besuchten wir *Disneyland* und gingen direkt zur Indiana-Jones-Achterbahn. Es war mitten am Tag, sodass der Park fast leer war. Wir rannten durch die ganzen Absperrungen, sprangen in unseren nachgemachten Jeep und begannen die Fahrt. Wir holperten und rumpelten durch den Tempel, während jede Kurve und Wendung musikalisch akzentuiert wurde. Lichter blinkten und Rauch wogte, als wir knapp den Giftpfeilen auswichen, den giftigen Spinnen entkamen und fast in einen feurigen Vulkan stürzten. Wir kamen um die Ecke, und ich sah die Schlange. Zum hundertsten Mal versuchte ich, die Augen offen zu halten, und zum hundertsten Mal ließ mich der vertraute Angstrausch die Augen zukneifen.

Zu diesem Zeitpunkt hatten wir schon so oft diese Fahrt unternommen, dass ich genau wusste, wie lange ich meine Augen geschlossen halten musste. Ich saß mit zusammengekniffenen Augen da und lauschte dem vertrauten Anschwellen der abenteuerlichen Musik, das signalisierte, dass wir entkommen waren, als die Musik langsam verklang und der Jeep direkt vor der Schlange zum Stillstand kam. Dann gingen alle Lichter aus – bis auf das Licht, das auf die Schlange gerichtet war.

Panische Angst schoss durch mich hindurch. Mein Herz begann doppelt so stark und doppelt so schnell zu schlagen, als ich meine Augen öffnete und wieder schloss. Ein Teil meines Gehirns sagte mir: „Die Achterbahn ist einfach kaputt; Achterbahnen gehen immer kaputt, aber sie werden sie jede Sekunde reparieren", während der andere Teil meines Gehirns alles tat, um mich vom Schreien abzuhalten. Ich saß – irgendwo zwischen dreißig Sekunden und dreißig Stunden lang – sowohl bewegungslos als auch innerlich rotierend da, wie ein Auto, bei dem das Gaspedal im Leerlauf durchgedrückt ist.

Dann gingen die Lichter an. Nicht die dramatischen Stroboskope und farbigen Lichter, die normalerweise die Fahrt begleiteten, sondern die Wartungsleuchten – große Leuchtstoffröhren, die von der Decke hingen.

Alles um mich herum sah völlig anders aus. Ich konnte alle Nähte und Lücken zwischen den Teilen des Sets sehen. Ich konnte das Gleis sehen, auf dem die Jeeps fuhren. Ich konnte sehen, dass die Flammen im Vulkan Stoffstücke waren, die von einem Ventilator angeblasen wurden. Dann drehte ich mich um und schaute die Schlange an.

Sie müssen während des normalen Betriebs eine Art Spezialbeleuchtung für die Schlange verwendet haben, denn im sterilen Fluoreszenzlicht der Wartungslampen sah die Schlange überraschend langweilig aus. Ich konnte die Risse in der Farbe sehen. Ich konnte den Übergang zwischen dem Stück Schaumgummi, aus dem der Kopf bestand, und dem Stück, aus dem der Körper bestand, deutlich erkennen. Ich konnte durch den Spalt unterhalb der Schlange alle Gelenke und die Hydraulik sehen; sie waren nicht einmal verdeckt, nur durch die Beleuchtung verdunkelt.

Meine Panik verschwand so gründlich, dass es mir sofort peinlich war, dass ich so viel Angst gehabt hatte. Ich hatte natürlich gewusst, dass die Schlange nicht echt war. Ich hätte sogar ziemlich gut erraten können, wie die ganze Mechanik unter der Schlange funktionierte. Aber bis zu dem Moment, als die Lichter angingen, hatte ich noch nie erfahren, wie die Schlange funktionierte.

Weniger als zwei Minuten nach ihrem Einschalten gingen die Wartungslampen wieder aus und die dramatische Farbbeleuchtung kehrte zurück, begleitet von einem theatralischen Schwall abenteuerlicher Musik. Dann holperte der Jeep auf seiner Spur vorwärts. Wir fuhren an diesem Tag noch zwei weitere Male, und beide Male hielt ich die Augen die ganze Zeit offen.

Grundsatz 2:

Geistliche Kampfführung ist in erster Linie ein Kampf um die Perspektive.

Wenn das Licht nicht kämpfen muss, um die Finsternis zu vertreiben, warum erleben dann so viele Christen die negativen Auswirkungen des geistlichen Kampfes? Warum fühlen sich so viele Christen vom Feind schikaniert? Warum fühlen sich so viele machtlos?

Zwar können viele Faktoren dazu beitragen, ich finde aber, dass die Lösung für viele dieser Herausforderungen auf der grundlegenden Wahrheit beruht, dass geistliche Kampfführung in erster Linie ein Kampf um die Perspektive ist. Der Kampf ist, ob wir die Dinge so sehen, wie Gott sie sehen will, oder wie der Feind sie sehen will.

Ich hatte jedes Mal Angst vor der Schlange, wenn ich meine eigentliche Lieblingsachterbahn im Park fuhr. Sie löste jene Angstgefühle aus, die mir in meinem Leben so viel Schmerz bereitet hatten. Ich wusste, dass es alles nicht echt war. Ich wusste, dass die Schlange eine mechanische Täuschung war. Aber erst als ich die Wahrheit hinter der Täuschung erfahren hatte, konnte ich die Angst ausmerzen.

Ich weiß, es mag albern klingen, aber ich habe viele Christen beobachtet, die durch ähnliche Dinge gebeutelt worden sind. Wie bei der Achterbahn im Vergnügungspark will der Feind, dass wir unser Leben so erleben, dass seine Beleuchtung alle Lücken und Risse in seinen Lügen verdeckt. Er zerrt an unseren Gefühlen, indem er sie wie die Abenteuer-Musik steigert und übertreibt. Er wirft uns wie die Stöße und Drehungen auf der Achterbahn hin und her und bombardiert uns ständig mit Lügen – so schnell, dass wir keine Zeit haben, anzuhalten und darüber nachzudenken, wie falsch sie alle sind. Erst wenn wir innehalten und das wirkliche Licht einschalten – nicht Lichter und Schatten, die verdunkeln sollen, sondern das Licht des Himmels, das alle Wahrheit offenbart –, können wir aufhören, die Lügen des Feindes abzuwehren, und uns stattdessen mit dem Himmel zusammentun.

Die Perspektive behalten

Ich bin ein Fan der Geschichte. Ein Stück Geschichte, das mir immer dann in den Sinn kommt, wenn ich über geistliche Kampfführung nachdenke, betrifft einen japanischen Soldaten ganz am Ende des Zweiten Weltkriegs. Dieser besondere Soldat wurde mit einer Kommandoeinheit betraut, die gegen Ende des Krieges auf den Philippinen kämpfte. Er wurde angewiesen, die alliierten Streitkräfte in diesem Gebiet mit allen möglichen Mitteln zu behindern, bis er weitere Anweisungen erhielt.

Während dieser Zeit wurden der Soldat und seine Einheit von der Befehlskette abgeschnitten. Sie befolgten weiterhin ihre Aufträge, unterminierten und griffen alle alliierten Streitkräfte an, die sie finden konnten. Kurz danach war der Krieg zu Ende. Japan ergab sich, aber da der Soldat und sein Team von jeglicher Kommunikation mit der restlichen Armee getrennt waren, kämpften sie weiter.

Das ging wochenlang, dann monatelang so weiter. Die örtlichen Behörden benutzten starke Lautsprecher, um den Soldaten in dem Dschungel, in dem sie sich versteckten, mitzuteilen, der Krieg sei vorbei und sie könnten nach Hause gehen. Sie nahmen aber an, dies sei nur Propaganda, ein Trick, um sie zur Kapitulation zu bewegen.

Mit der Zeit starb ein Soldat nach dem anderen, wurde gefangen genommen oder ergab sich, bis nur noch ein einziger Soldat übrig war. Seine überlebenden Kameraden schrieben Notizen, in denen sie erklärten, dass der Krieg schon seit einiger Zeit vorbei war. Diese wurden vervielfältigt und aus der Luft über dem Dschungel abgeworfen. Er jedoch ging davon aus, dass seine Freunde gezwungen worden waren, die Notizen zu schreiben, und dass es ein Trick war, damit auch er gefangen genommen würde. Deshalb kämpfte und versteckte er sich weiterhin.

Japan kapitulierte 1945, aber der Soldat kämpfte bis 1974 weiter. Ein japanischer Student, der die Geschichte dieses Soldaten hörte, reiste auf die Philippinen, fand den Soldaten und überzeugte ihn, nach Hause zu kommen. Der Soldat stimmte unter der Bedingung zu, dass sein Kommandeur kam und ihn offiziell vom

Dienst entband. Der Student kehrte nach Japan zurück, fand den längst pensionierten Offizier und kehrte in den Dschungel zurück. Der Soldat wurde offiziell vom Dienst entbunden und kehrte nach Japan zurück. Er hatte neunundzwanzig Jahre lang im Dschungel gekämpft.[2]

Immer wenn ich an geistliche Kampfführung denke, muss ich an diese Geschichte denken, weil ich tragischerweise gesehen habe, dass so viele Christen den gleichen Fehler machen. Der Soldat war von der Befehlskette abgeschnitten. Aus diesem Grund verbrachte er einen großen Teil seines Lebens damit, einen Kampf zu führen, der bereits vorbei war. Ich kenne viele Christen, die viel zu viel Zeit damit verbracht haben, Schlachten zu schlagen, die Jesus bereits am Kreuz gewonnen hat. Sie erschöpfen sich im Kampf für einen Sieg, der ihnen bereits gehört.

Geistliche Kampfführung ist in erster Linie ein Kampf der Perspektive. Wenn wir nicht innehalten und unsere Perspektive mit der Perspektive Gottes in Einklang bringen – uns wieder mit der Befehlskette verbinden –, dann laufen wir Gefahr, unsere Zeit, unsere Energie und unseren Schmerz für einen Kampf zu verschwenden, der nichts weiter als ein Trick und eine Lüge ist.

In Teil 2 dieses Buches werden wir einige der spezifischen Werkzeuge und Lügen, die der Feind benutzt, näher anschauen, damit du weißt, wonach du suchen musst. In Teil 3 werden wir uns mit der Frage befassen, wie wir uns gegen diese Lügen immun machen und die Wahrheit aufrechterhalten können. Aber für jetzt sollte dir klar sein, dass es bei der geistlichen Kampfführung immer von grundlegender Bedeutung für unseren Erfolg ist, dass wir lernen, innezuhalten und die Dinge aus Gottes Perspektive zu sehen.

---

[2] Robert D. McFadden, „Hiroo Onoda, der Soldat, der sich jahrzehntelang im Dschungel versteckt hat, stirbt mit 91 Jahren", New York Times, 17. Januar 2014, https://www.nytimes.com/2014/01/18/world/asia/hiroo-onoda-imperial-japanese-army-officer-dies-at-91.html

Kapitel 3

Die Perspektive des Himmels

Lass dich nicht vom Bösen überwinden, sondern überwinde das Böse mit dem Guten!

Römer 12,21

Ich saß in der ersten Reihe der Kirche und fügte meinen Notizen über das, was ich während des Gottesdienstes gesehen hatte, die letzten Details hinzu. Es waren nur drei Engel während der Anbetung dagewesen, aber diese waren mit Schleppen aus silbernem und grünem Stoff durch den ganzen Raum gelaufen, die so lang waren, dass sie den ganzen Raum füllten. Während der Predigt des Pastors waren dann fast ein Dutzend Engel da, die unter den Anwesenden Schlüssel unterschiedlicher Größe austeilten.

Ich schaute hoch und spürte die übliche Enttäuschung in Bezug auf alles, was ich aus Zeitgründen nicht aufschreiben konnte. Ich war dreizehn Jahre alt und immer noch dabei zu entdecken, wie ich die Dinge, die ich sah, nutzen konnte, um anderen damit zu helfen. Die Mitglieder des Lobpreisteams schienen wirklich ermutigt zu sein, wenn ich ihnen erzählte, was die Engel taten, während sie spielten. Der Pastor wurde immer durch das gesegnet, was im Geist geschah, während er lehrte. Aber das war nur ein winziger Bruchteil dessen, was in einem bestimmten Gottesdienst geschah.

Engel bewachten alle Ein- und Ausgänge. Für einige Leute beteten die Engel und bei anderen kümmerten sie sich um deren Wunden. Die Engel tanzten, sprangen und sangen, obwohl es keine Musik zu hören gab. Die Engel ließen Dutzenden von Menschen im ganzen Raum Erkenntnisse und Segnungen zukommen, während doppelt so viele Engel auf die Erlaubnis warteten, das weiterzugeben, was sie mitgebracht hatten. Ich fragte mich gerade, ob diese Engel auf ein Signal der Erlaubnis von Gott, den Menschen im Raum oder etwas anderes warteten, als mir ein Schmerzstoß ins Knie schoss.

„Es tut mir so leid, mein Lieber", sagte die alte Frau und richtete ihren Rollator neu aus. „Ich kann das blöde Ding nicht kontrollieren."

„Kein Problem", sagte ich und rieb die Stelle, an der der Rollator an meine Kniescheibe gestoßen war.

„Zu alt, um sich fortzubewegen, ohne etwas kaputtzumachen", sagte sie in einem Tonfall, der wahrscheinlich scherzhaft klingen sollte, aber stattdessen trocken und traurig rüberkam.

Sie schlurfte den Gang entlang und bemühte sich, ihren Kopf hoch genug zu halten, um den Menschen in die Augen zu schauen. Ein Dämon lag quer über ihrem Rücken. Er war etwa so groß wie eine Hauskatze, mit schwarzer, froschähnlicher Haut und einem arroganten Grinsen im Gesicht. Es drückte einen Ellenbogen in ihren Nacken und hielt dadurch ihren Kopf nach unten gebeugt. Die Dinge, die ich sah, verstand ich gut genug, um zu wissen, dass der Dämon ihren Hals nicht physisch beugte. Aber ich hatte auch schon lange genug gesehen, um zu wissen, dass es einen Zusammenhang gab zwischen ihrer Haltung und dem, was der Dämon tat.

Als ich den Dämon betrachtete, konnte ich dieselbe Art von resigniertem Fatalismus spüren, die ich in dem halbherzigen Witz der Frau gehört hatte. Ich konnte die Tragödie der verlorenen Jugend spüren, den Groll gegen die Vitalität der anderen und die leere Traurigkeit darüber, dass jeder neue Tag bedeutungsloser war als der letzte. Diese Dinge waren nicht wahr, sondern nur die Lügen, die ihr der Dämon einredete. Vielleicht hat sie all diese Lügen geglaubt; vielleicht auch keine davon.

Nach ihrer Körperhaltung und dem schrägen Humor zu urteilen, glaubte sie wohl zumindest einige davon.

Ich stieß einen Seufzer aus. Ich hatte den Menschen zwar schon oft etwas über die Engel mitgeteilt, die ich um sie herum sah, hatte aber noch nicht versucht, jemandem von den Dämonen zu erzählen, die ich sah. Nachdem ich in der prophetischen Schulung meine Gabe kennengelernt hatte, verbrachte ich einen großen Teil des ersten Jahres damit, diese Gabe zu entwickeln und zu lernen, wie man sich auf verschiedene Bereiche dessen konzentriert, was im Geist geschieht. Ich übte mich darin, mich zunächst auf das zu konzentrieren, was bei einzelnen Personen geschah, und dann auf das, was insgesamt geschah; auf die guten Dinge, die geschahen, und dann auf die schlechten. Sobald ich dies zuverlässig tun konnte, verbrachte ich die meiste Zeit damit, das Gute zu sehen. Das lag zum einen daran, dass ich glaubte, es sei wertvoller zu sehen, was Gott tut, als zu sehen, was der Feind tut, zum anderen, weil es so viele gute Dinge zu sehen gab, und außerdem, weil ich befürchtete, ich könnte eine Wiederholung meiner Erfahrungen aus der frühen Kindheit auslösen.

Als ich beobachtete, wie die alte Frau mit gesenktem Kopf ihren Rollator über den Teppich schob, wurde mir klar, dass ich, wenn ich weiterhin das Dämonische ignorierte, einen Teil der Gabe ignorierte, die Gott mir gegeben hatte. Da ich ohnehin irgendwann lernen musste, wie man darüber spricht, konnte ich auch gleich damit anfangen.

Zuerst dachte ich, ich könne ja zu der Frau hingehen und ihr mitteilen, was ich sah. Aber da ich vor dem Vorfall mit dem Rollator nie mit ihr gesprochen hatte, war ich mir nicht sicher, ob sie bereits wusste, dass ich im Geist sehen konnte. Ich hatte keine Lust auf ein Gespräch à la: „Ich sehe im Geist, solange ich mich erinnern kann", unmittelbar gefolgt von: „Übrigens, Sie haben einen Dämon auf Ihrem Nacken." Jedenfalls nicht bei meinem ersten Versuch.

Ich ließ meinen Blick schnell durch den Raum schweifen und suchte nach einem besseren Kandidaten. Eine Frau auf der anderen Seite des Raumes hatte einen Dämon auf der Schulter. Er wirbelte eine schwarze Wolke auf, die knapp über ihrem Kopf in der Luft hing. Ich wusste, dass sie schon mindestens einmal dabei war, als ich über die Dinge sprach, die ich sah. Aber sie war mitten in einem Gespräch mit jemand anderem, und ich wollte sie nicht unterbrechen.

Es gab noch ein paar andere mögliche Kandidaten, die aber alle aus dem einen oder anderen Grund nicht geeignet waren, bis sich meine Augen auf einen Mann richteten, der sich an die hintere Wand des Gottesdienstraums lehnte. Ein zackiger kleiner Dämon schwebte knapp über seiner linken Schulter und gab ihm alle paar Minuten einen Stoß. Ich hatte mit diesem Mann schon mehrmals über das Sehen im Geist gesprochen, und doch merkte ich, dass ich gedanklich immer noch nach einem Grund suchte, um ein Gespräch mit ihm zu vermeiden.

Als mir klar wurde, dass ich nur nach Ausreden suchte, stand ich auf und ging auf ihn zu, weil ich nicht die Nerven verlieren wollte. Als ich mich dem Dämon näherte, sah ich ihn mir genauer an, um so viele hilfreiche Informationen wie möglich zu bekommen.

Der Dämon war knochig und gebrechlich mit einem gelangweilten Gesichtsausdruck. Er stach den Mann alle paar Minuten mit einem Krallenfinger in die gleiche Stelle an der Seite seines Kopfes. Das musste schon eine ganze Weile so gewesen sein, da sich an der Schläfe des Mannes eine kleine kreisförmige Narbe befand. Jedes Mal, wenn der Dämon ihn stieß, löste das eine kleine Wolke von üblem braunem Smog aus, die sich wenige Augenblicke nach ihrem Erscheinen auflöste. Als ich näherkam, konnte ich sehen, dass im Smog Bilder zu sehen waren, Schnappschüsse von verschiedenen Szenen. Dadurch wurde mir klar, dass ich dem Mann vielleicht tatsächlich helfen konnte. Ich nahm allen Mut zusammen, verdrängte meine Nervosität so gut ich konnte und ging zu ihm hin.

„Entschuldigung", sagte ich und versuchte, mit so viel Autorität zu sprechen, wie meine dreizehnjährige Stimme es erlaubte.

„Ja?" sagte er und schaute nachsichtig auf mich herab. Er war wahrscheinlich Mitte fünfzig.

„Ich konnte nicht umhin zu bemerken, dass Sie einen Dämon in der Nähe Ihrer Schulter haben ..." Ich wusste plötzlich nicht mehr, ob ich das Ganze beschreiben oder einfach nur auf den Punkt kommen sollte. Mein Zögern hatte den Damm zu meiner unterdrückten Nervosität gebrochen und eine Welle der Übelkeit ausgelöst. Also platzte ich einfach heraus: „Und ich denke, dass Sie vielleicht aufhören sollten, sich Pornografie anzusehen."

Sein nachsichtiges Lächeln verschwand. Seine Gesichtsfarbe wechselte von rosa über rot bis hin zu dunkelrot. Er gab ein paar Silben von sich, die eher einem Bellen und Knurren glichen als Worten, und stampfte dann aus dem Raum.

Einige Wochen später, als die Schmach meines völligen Versagens nachgelassen hatte, beschloss ich, es noch einmal zu versuchen. Ich sah die Frau mit der dunklen Wolke über dem Kopf, die ich damals schon gesehen hatte. Der Dämon wirbelte die Wolke auf und machte sie größer, und gleichzeitig fiel schwarzer Regen herab und lief der Frau in dicken Bächen über das Gesicht. Als ich die Wolke betrachtete, überkam mich eine schwere und vertraute Angst. Dieser Dämon versuchte, diese Frau in dieselbe Art von Angst zu versetzen, in der ich dreieinhalb Jahre gefangen war. Ich wusste, wie sich diese Angst anfühlte, und hatte den Sieg über sie errungen. Ich wusste, dass ich helfen konnte.

Ich ging auf die Frau zu und beschrieb, was ich um sie herum sah. Sie begann leise zu weinen, als ich sprach.

„Toll", dachte ich, „sie ist dabei, den Durchbruch zu schaffen." Deshalb beschrieb ich, wie sich die Angst anfühlte, in der Hoffnung, dies würde ihr helfen, sie zu erkennen.

Ihr Weinen wurde zu Schluchzen und ein bisschen Schreien.

„Oh nein", dachte ich, „das läuft irgendwie sehr schlecht." Ich versuchte, mich zu retten, indem ich sagte, dass Gott ihr diese Angst nehmen wolle, dass sie überhaupt nicht zu ihr gehöre und dass sie sie nicht ständig spüren müsse.

Sie schlug die Hände vors Gesicht, um das wachsende Schluchzen zu unterdrücken.

„Au weia", dachte ich, „das läuft ja viel schlimmer, als ich es mir vorgestellt hatte." Ich stand noch eine Weile da und versuchte, ihre Aufmerksamkeit zu erlangen, aber ohne Erfolg. Also ging ich weg.

Zwei Monate und etliche Misserfolge später kam ein Freund aus der Jugendgruppe auf mich zu.

„Hey", sagte er, „du musst mir sagen, ob ich einen Dämon auf mir habe."

Ich spürte, wie sich in meinem Brustkorb Angst breit machte, als ich an all die vielen vorherigen Misserfolge dachte. „Nein, mache ich nicht."

„Doch. Ich kann völlig damit umgehen."

„Nein, das kannst du nicht", sagte ich. „Niemand kann das."

Wir stritten noch einige Minuten lang, bevor ich schließlich „Okay" sagte und ihn im Geist ansah.

Hinter seinem Rücken schwebte ein kleiner Dämon in der Luft. Er hatte eine eklige, gelbe Farbe, hatte vage die Form und Größe einer Person und bestand aus etwas, das mehr Substanz als eine Wolke, aber weniger als Zuckerwatte hatte. Ich bereute, dass ich mich bereiterklärt hatte, es ihm zu sagen, und gab ihm deshalb die kürzest mögliche Beschreibung, ohne mir die Mühe zu machen, herauszufinden, was der Dämon tat oder warum er dort war.

Als ich meine Beschreibung beendet hatte, wurden seine Augen groß wie Untertassen. „Ich wusste es."

„Was meinst du?", fragte ich.

Ohne zu antworten, drehte er sich mit immer noch weit geöffneten Augen langsam um und ging weg. Er hat daraufhin nie wieder mit mir gesprochen.

Das war der letzte Strohhalm. Ich wollte meine Gabe nutzen, um Menschen zu helfen. Die Menschen wurden gesegnet und ermutigt, wenn ich darüber sprach, dass ich Engel sah. Aber jedes Mal, wenn ich über Dämonen sprach, waren die Menschen entweder beschämt, verängstigt oder verwirrt. Ich beschloss, überhaupt nicht mehr über das Dämonische zu sprechen. Daran hielt ich zehn Jahre lang daran fest, mit nur wenigen Ausnahmen, die ich alle bereute.

Grundlage 3

Nachdem ich fast zehn Jahre lang das Thema Dämonen gemieden hatte, stellte mir eine langjährige Freundin bei einem Spaziergang eine Frage.

„Blake", sagte sie, „ich bin seit einem Monat depressiv und weiß nicht, warum."

„Wirklich?", sagte ich und schaute den Dämon an, der direkt über ihrer Schulter schwebte.

Normalerweise war ich ziemlich gut darin, in den Geist zu schauen, ohne dass es jemand bemerkte, aber diese Freundin kannte mich zu gut. Sie stoppte, blickte mir direkt in die Augen und sagte: „Und?"

„Und?", wiederholte ich.

Sie rollte die Augen und fragte genauer. „Was siehst du?"

„Sehen?", sagte ich und versuchte, meine Schultern in einer Weise zu heben, die Verwirrung suggerierte.

Sie nahm einen weiteren Anlauf und stampfte mit dem Fuß ein wenig stärker als nötig. „Blake, wenn es etwas gibt, was mich depressiv macht, würde es mir sehr helfen, wenn du es mir einfach sagen würdest."

Wieder erinnerte ich mich an all meine Misserfolge. Ich sah die verängstigten und verwirrten Gesichter derer, die durch die Dinge, die ich gesehen hatte, verletzt worden waren. Ich spürte den Zorn aller, die gekränkt worden waren. Ich dachte daran, wie sehr ich bereute, dass ich gehofft hatte, Menschen zu befreien, nur um sie dann noch tiefer in die Knechtschaft zu stoßen. Dann fühlte ich die Gegenwart des Heiligen Geistes wie eine warme Hand auf meinem Rücken ruhen. Jede Angst verflüchtigte sich, und ich wusste, dass es in Ordnung war.

„Ich sehe einen Dämon", sagte ich. „Es ist ein riesiger Augapfel mit einer langen, spitzen Nase wie eine Stechmücke, kleinen Vogelbeinen und Insektenflügeln. Er ist etwa so groß wie eine Grapefruit."

„Ist es meine Schuld, dass er da ist?", fragte sie. Ich konnte ihre Verletzlichkeit in ihrer Stimme spüren.

Der Heilige Geist beantwortete ihre Frage, bevor sie sie zu Ende gestellt hatte. Ich wiederholte nur die Worte. „Nein, aber er will, dass du das denkst."

„Was muss ich tun, damit er verschwindet?", fragte sie, aber er war schon weg. Der Glaube, dass er zu ihr gehörte, war das Einzige, was ihn dort hielt.

Grundsatz 3:
Das Dämonische zu sehen, ist nur dann hilfreich, wenn es aus der Perspektive des Himmels gesehen wird.

Wissen verleiht Macht. Es hat die Macht, aufzubauen, und die Macht, zu zerstören. In den Jahren, in denen ich über das Dämonische geschwiegen habe, gab es ein Argument, das mich immer dazu verleitete, das Gesehene mitzuteilen. Es lautete etwa so: „Es wäre so hilfreich zu wissen, wie ich angegriffen werde." Ich wollte diesen Menschen helfen, ihnen helfen, frei zu werden, aber jedes Mal, wenn ich es versuchte, führte es zu noch mehr Gebundenheit.

Der Spaziergang mit dieser Freundin war das erste Mal, dass ich über das Dämonische gesprochen habe und mich hinterher gut fühlte. Die Depression, unter der sie mehr als einen Monat lang gelitten hatte, endete an diesem Tag vollständig. Sie fühlte sich vom Herrn geliebt und hatte nicht das Gefühl, beschämt oder entblößt worden zu sein.

Nach diesem Gespräch fuhr ich sofort nach Hause, rannte in mein Zimmer und holte mein Notizbuch heraus. Ich durchsuchte meine Notizen nach anderen dämonische Dingen, die ich gesehen hatte, nach anderen Vorkommnissen, bei denen ich versucht hatte, anderen von dem, was ich gesehen hatte, zu erzählen, um herauszufinden, was an diesem Gespräch anders gewesen war.

Dabei erkannte ich etwas, das mir bis zu diesem Moment entgangen war. Anfangs hatte es mich verwirrt, wenn Leute so schlecht darauf reagiert hatten, wenn ich ihnen über das Dämonische erzählt hatte. Als ich den Dämon in der Nähe des Mannes mit dem Pornographieproblem sah, war das bei mir nicht mit einem Gefühl der Verurteilung, der Geringschätzung oder des Ekels verbunden, und dennoch reagierte er so wütend und gekränkt. Ich wusste, dass Gott die dunkle Wolke über dem Kopf der Frau wegnehmen wollte, so leicht, wie man den Dampf von einer heißen Tasse Tee wegbläst, aber sie wurde in noch tiefere Verzweiflung gestürzt.

Jetzt, da ich älter war, konnte ich erkennen, wann meine schlechte Beschreibung oder mein mangelndes Taktgefühl zu den Reaktionen der Menschen beigetragen hatten, aber ich hatte mich diesbezüglich stetig verbessert, und dennoch waren meine Ergebnisse ebenso schwach geblieben.

Wegen dieser wiederholten Misserfolge hatte ich es fast aufgegeben, mich mit dem Dämonischen zu beschäftigen, und mich mit aller Kraft darauf konzentriert zu lernen, wie Gott und sein Reich funktionieren. Es stellte sich heraus, dass dies genau das Richtige gewesen war.

Ich saß auf meinem Bett, meine Notizen zwischen meinen zerknitterten Decken verstreut, und dachte angesichts meiner vorherigen Fehlschläge über mein neustes Erfolgserlebnis nach.

Wieder spürte ich die sanfte Berührung des Heiligen Geistes in meinem Rücken, als er sprach: „Ich möchte, dass du mehr über Dämonen sprichst."

Der Gedanke war mir so zuwider, dass es mir schwerfiel, ihn nicht sofort abzutun. „Warum willst du, dass ich das tue?"

„Weil es die Menschen befreien wird."

Dann gingen mir all die Momente durch den Kopf, in denen ich nach meinem zwölften Lebensjahr einen Dämon gesehen hatte – nachdem ich gelernt hatte, dass das, was ich hatte, eine Gabe Gottes war. Mir wurde klar, dass ich trotz der extremen Angst, die ich in meiner Jugend erlebt hatte, und trotz der gelegentlichen nächtlichen Angriffe, die ich danach noch erlebte, nie durch das erschreckt wurde, was ich sah, wenn ich in der Gegenwart des Herrn war. Ich fühlte mich nie durch die dämonischen Dinge, die ich sah, verwirrt, auch wenn ich sie nicht verstand. Ich habe andere nie dafür geringgeschätzt, weil sie Dämonen um sich herum hatten, selbst wenn ihre Entscheidungen der Grund dafür war. Ich hatte nie das Gefühl, dass ein Dämon, den ich sah, mehr als einen Moment, eine Entscheidung oder ein Wort davon entfernt war, vertrieben zu werden.

Der Heilige Geist sprach erneut, als mir diese Erkenntnis immer mehr dämmerte. „Ich habe dich trainiert, Dämonen so zu sehen, wie ich sie sehe. Ich möchte, dass du andere lehrst, dasselbe zu tun."

„Aber ich weiß nicht, wie."

„Das musst du noch nicht wissen. Halte die Augen offen, und ich werde es dir zeigen."

Weitere zehn Jahre lang sprach ich immer noch nicht sehr viel über Dämonen, außer wenn die Stimme des Heiligen Geistes so klar war, dass es direkter Ungehorsam gewesen wäre zu schweigen. Ich fing jedoch an, mehr nach ihnen Ausschau zu halten und mir mehr Notizen über sie zu machen. Auch begann ich, mit dem Heiligen Geist mehr über sie zu reden und die Muster, Vorgänge und Prinzipien zu erkennen, die zur Grundlage dieses Buches wurden, das du jetzt in Händen hältst.

Wissen hat Macht. Stelle sicher, dass du dieses Wissen aus der richtigen Perspektive siehst. Das ist wesentlich dafür, damit es eher hilfreich als schädlich ist. Vielleicht stellst du fest, dass du von Dämonen beeinflusst wirst. Vielleicht stellst du fest, dass dies überhaupt nicht deine Schuld ist, sondern ein unverschämter Angriff. Vielleicht stellst du fest, dass es eine direkte Folge deiner Entscheidungen ist. Vielleicht stellst du fest, dass es die direkte Folge der Entscheidungen anderer ist. Der Feind wird versuchen, dich doppelt und dreifach zu täuschen, zu belügen und zu beschämen, weil du eine Lüge geglaubt hast, und dann mit dem Finger auf andere zeigen und damit die Bitterkeit anfachen.

Ich habe immens komplizierte Systeme gesehen, wie eine Lüge nach der anderen über viele Jahre hinweg in das Leben eines Menschen gelegt wurde, die alle in einer gleichzeitigen Detonation der Zerstörung gipfelten, die das gesamte Leben dieses Menschen zum Einsturz bringen sollte. Die endlosen Drähte der Täuschung zu ergründen, die sich durch ihre Wunden, Denkweisen, Enttäuschungen und Fehler winden, die zu einer solchen

Verwüstung geführt haben, wäre nahezu unmöglich. Glücklicherweise ist das nicht unser Ziel. Unser Ziel ist es, zu hören, was Gott darüber zu sagen hat.

Die Bibel ist voller Verse, die Gottes Kinder ermutigen, seine Weisheit über die menschliche Weisheit zu stellen. Ich denke, dass dies auf geistliche Kämpfe ebenso zutrifft wie auf jeden anderen Bereich des Lebens. Leider beobachte ich, dass so viele Christen ignorieren, dass es für uns unbedingt notwendig ist, Gottes Weisheit und Perspektive in Bezug auf geistliche Kampfführung zu erhalten. Es ist zwar hilfreich, die Pläne des Feindes zu verstehen, doch ist reines Wissen über das Dämonische, das nicht durch Gott, seine Pläne und sein Wesen in einen Gesamtzusammenhang gestellt wird, immer destruktiv.

Der nächste Teil dieses Buches enthält Beschreibungen mehrerer möglicher Fallen und Schlingen, die der Feind den Kindern Gottes gerne stellt bzw. legt. Ich habe diese nicht eingefügt, damit du sie verstehen kannst, sondern damit du in einer Situation, in der du die Perspektive des Himmels dringend brauchst, einen Funken Erkenntnis bekommst. Denn das Dämonische zu sehen, ist nur dann wertvoll, wenn es aus der Perspektive des Himmels gesehen wird.

TEIL II

Taktiken und Fallen

Der Dieb kommt nur, um zu stehlen und zu schlachten und zu verderben. Ich bin gekommen, damit sie Leben haben und es in Überfluss haben.

Johannes 10,10

Die meisten Christen, denen ich begegne, wissen nicht viel über Dämonen. Sie glauben, dass sie existieren. Sie wissen, dass sie schlecht sind. Das ist alles. Einige genießen den schwachen Trost dieser Unwissenheit. Sie wissen, dass Dämonen existieren, denken aber nicht lange genug darüber nach, um deswegen beunruhigt zu sein. Einige haben aus Unwissenheit eine extreme Angst, sie könnten die Tür für einen vollen dämonischen Angriff öffnen, wenn sie einem bestimmten Gedanken länger nachgehen oder den falschen Film anschauen. Andere füllen ihre Wissenslücken, die sie aufgrund ihrer mangelnden Erfahrung haben, durch Fantasien, indem sie sich eine Welt vorstellen, in der ein

Dämon jederzeit gegen ihren Willen in ihr Leben eindringen und ihre Gedanken und Handlungen kontrollieren kann.

Ich hoffe, dass ich dir mit dieser Liste von Taktiken und Fallen sowie mit Geschichten, die Beispiele dafür liefern, helfen kann, dein Wissen über das, was Dämonen tun, zu vertiefen und deine falschen Vorstellungen über sie zu zerstreuen. Wahrscheinlich hast du am Tenor des Buches erkannt, dass ich viel mehr Wert darauflege, die Dinge Gottes zu verstehen als die Dinge des Feindes. Ich merke jedoch, dass eine falsche Vorstellung davon, wie das Dämonische arbeitet, fast genauso zerstörerisch sein kann wie eine falsche Vorstellung davon, wie Gott wirkt. Der einfachste Rahmen, den ich dir zum Verständnis von Dämonen geben kann, ist folgender: Dämonen lassen keine Gelegenheit aus, solange man ihnen kein Paroli bietet.

Die Bibel vergleicht den Feind mit einem brüllenden Löwen, der nach denen sucht, die er verschlingen kann. Das bedeutet, dass er nicht einfach irgendjemanden verschlingen kann, sondern diejenigen finden muss, bei denen ihm das auch gelingt. Dämonen versuchen, alles zu tun, was man ihnen erlaubt: Sie wollen einem eine möglichst große Lüge weismachen, einen möglichst entmutigen, einem möglichst viele Lügen über einen selbst oder über Gott verkaufen. Lügen sind die einzige Macht, die Dämonen haben, und Lügen sind nur dann mächtig, wenn man sie glaubt.

Ich hoffe, dass dir die folgenden Kapitel helfen werden, diese Lügen als das zu erkennen, was sie sind. Ich sehe es nicht gern, wenn Gottes Kinder durch die Taktiken und Fallen eines bereits besiegten Feindes ausgetrickst und verführt werden.

Was folgt, sind Informationen, die ich daraus abgeleitet habe, dass ich seit über dreißig Jahren die Intrigen und Pläne des Feindes beobachte. Um diese so klar und einfach wie möglich zu veranschaulichen, habe ich sie in eine Reihe von kurzen Kapiteln aufgeteilt, die diese Taktiken und Fallen erläutern, damit du sie erkennen kannst, wenn sie in deinem Leben auftauchen.

Hier noch ein paar Hinweise, wie du das Beste aus diesen Kapiteln herauszuholen kannst:

1. Der Feind greift jeden an.

Ich sehe praktisch auf jedem Menschen Dämonen. Wenn ich bei jemandem bisher noch keinen Dämon gesehen habe, dann deshalb, weil ich ihn oder sie noch nicht sehr lange kenne. Die Scham, angegriffen zu werden oder sich angreifen zu lassen, ist eine der Haupttaktiken des Feindes. Es ist zwar möglich, Dinge zu tun, die einen für Angriffe öffnen, doch versucht der Feind, alle Kinder Gottes zu bestehlen, zu töten und zu zerstören. Das ist das, was er tut. Du brauchst dich nicht für das zu schämen, was der Feind zu tun versucht. Du bist nur dafür verantwortlich, wie du auf einen Angriff reagierst, nicht für die Aktion des Angreifers.

2. Dämonen sind in erster Linie Opportunisten.

Wie du in den folgenden Kapiteln sehen wirst, sind Dämonen selten die Quelle unserer Probleme. Sie sind Opportunisten, Aasfresser, die nach einer Schwäche, Wunde oder Denkweise suchen, die sie ausnutzen können. Dämonen können unseren Willen nicht kontrollieren oder uns zu etwas zwingen; sie können uns nicht zwingen, eine Entscheidung zu treffen. Und dennoch können sie unsere Entscheidungsfindung erschweren, indem sie uns mit Lügen bombardieren. Die folgenden Kapitel sollen dir helfen zu erkennen, wann du unter dem Einfluss einer Lüge stehst. Die Kapitel in Teil 3 dieses Buches befassen sich dann mit der Frage, wie wir unsere Schutzmauer stärken und die Schwächen, Wunden und Denkweisen überwinden können, die die Dämonen anziehen.

3. Achte auf das, was Gott sagt.

Du wirst wahrscheinlich feststellen, dass du irgendwann einmal an eine dieser Lügen geglaubt hast oder in eine dieser Fallen getappt bist. Vielleicht stellst du fest, dass du gerade mitten in einer solchen Falle steckst. So oder so, denke daran, dass man das Dämonische nur dann richtig sieht, wenn man es aus der Perspektive des Himmels sieht. Wenn du also in einer dieser Fallen steckst, verzweifle nicht und fange nicht an, auf dich zu schauen, sondern frage stattdessen Gott, was er dazu sagt. Der Versuch, selbst aus einer Falle herauszukommen, führt zu Erschöpfung, verursacht Schmerzen und ist in der Regel erfolglos. Sich von ihm zeigen zu lassen, wie man aus einer Falle herauskommt, ist viel einfacher und wirklich befreiend.

Eine letzte Anmerkung

Vielleicht fällt dir beim Lesen dieser verschiedenen Taktiken auf, dass es keine Kapitel für „Der Teufel hat meine Finanzen ruiniert" oder „Der Feind macht mich immer wieder krank" oder „Satan bringt meine Frau/Kinder/Familie/Freunde dazu, mich zu hassen" gibt.

Das Leben ist voller Stürme, von denen einige von uns selbst verursacht werden und andere sich unserer Kontrolle zu entziehen scheinen. Nach meiner Beobachtung und Erfahrung beginnt der eigentliche Kampf, wenn wir die Möglichkeit haben, zu entscheiden, wie wir auf die Stürme des Lebens reagieren. Hier beginnt der Feind, uns mit diesen Taktiken zu belästigen, und hier können wir entscheiden, ob wir mit ein- oder ausgeschaltetem Licht kämpfen wollen.

In Teil 3 dieses Buches findest du mehr darüber, wie du unnötige Stürme vermeiden kannst und durch die Stürme kommst, die du nicht vermeiden kannst. Dort werden wir uns damit befassen, dass der Feind uns in unnötige Stürme führen und uns für immer in Stürmen, die wir eigentlich siegreich durchlaufen sollten, halten will.

Kapitel 4

Scham

Also gibt es jetzt keine Verdammnis für die, die in Christus Jesus sind.

Römer 8,1

Ich hatte einmal einen Freund namens Doug. Doug kämpfte schon in jungen Jahren mit Drogenmissbrauch und musste immer wieder in die Reha gehen. Mit fünfundzwanzig gab er die Reha auf. Als er dreißig war, waren die meisten seiner Drogen-Freunde entweder clean geworden oder im Gefängnis gelandet, weshalb er beschloss, sein Bestes zu tun, um sein Leben in Ordnung zu bringen. Im Lauf von zwei Jahren gelang es ihm, alle seine Laster zu beseitigen, bis auf eines: Alkohol. Egal, was er versuchte, egal, wie sehr er sich auch bemühte, er konnte es einfach nicht lassen.

Doug ging es wochen- oder monatelang gut, aber dann trank er plötzlich wieder so viel, dass es für ihn lebensbedrohlich und für diejenigen, die sich um ihn sorgten, erschreckend war. Eine kürzliche Episode endete mit dem Verlust seines Führerscheins und einigen Monaten Gefängnis.

Als ich ihn das erste Mal nach seiner Freilassung sah, schwebte direkt über seinem Kopf ein Dämon, der einen großen, schwarzen Eimer in der Hand hatte. Er kippte den Eimer um und bedeckte Dougs ganzen Kopf mit dickem, schwarzem Öl. Als der Eimer leer war, richtete der Dämon ihn wieder auf.

„Hey, Doug", sagte ich und schüttelte ihm die Hand. „Wie läuft es denn so?" „Besser als vorher", sagte er mit einem halben Grinsen.

Der Dämon kippte den Eimer wieder um, und eine frische Ladung Öl ergoss sich über sein Gesicht und verdunkelte es vollständig.

„Das mache ich nicht nochmal, sag ich dir."

Ein dritter Kübel Öl ergoss sich nach unten. Es tropfte bis zu seinen Schuhen.

„Auch ein Blödmann muss es ja irgendwann mal lernen, oder?" Ein weiterer Eimer Öl.

„Wenigstens bin ich nicht dumm genug, auch noch den absoluten Tiefpunkt zu durchbrechen." Noch ein Eimer.

„Hör auf!", sagte ich, und meine Stimme war panischer, als ich wollte.

Er zuckte zusammen, überrascht von der Heftigkeit meiner Aussage.

„Tut mir leid, ich wollte nur ... Du solltest nicht so negativ über dich reden. Du bist überhaupt nicht dumm", sagte ich und klang dabei so überzeugend wie möglich.

„Richtig." Er lächelte und klopfte mir auf die Schulter. „Schön, dich zu sehen", sagte er und ging weg.

Als ich ihn weggehen sah, bemerkte ich in den dunklen Wellen von Öl, die Doug nun von Kopf bis Fuß bedeckten, eine schwache Reflexion. Verdrehte und verfärbte Bilder schimmerten auf der Oberfläche des Öls: Doug trinkt; Doug wird verhaftet; Doug im Gefängnis; Doug trinkt wieder.

Man musste nicht im Geist sehen, um zu erkennen, dass sich Doug für das, was passiert war, schämte. Aber als ich mir die verzerrten Bilder im Öl genauer ansah, fiel mir auf, dass der dort reflektierte Doug nicht wie der Doug aussah, den ich kannte. Der trinkende Doug sprang wie ein Verrückter herum, stieß mit Menschen zusammen und schrie unausstehlich. Der verhaftete Doug hatte die ganze Zeit ein dummes Grinsen im Gesicht, seine Gesichtszüge verzerrten sich in wenig schmeichelhafter Übertreibung. Der Doug im Gefängnis sah erbärmlich und einsam aus.

Normalerweise verwende ich bei der Beschreibung von Menschen nicht gerne Worte wie *dumm* und *verrückt,* aber so sah Doug in dieser verdrehten Version seiner Erinnerungen aus. Der Dämon warf Zerrbilder von Dougs eigenem Handeln auf ihn zurück und häufte Scham auf ihn.

Der Dämon blieb mehrere Wochen lang über seinem Kopf und schüttete in regelmäßigen Abständen das dunkle Öl aus. Nach einigen Wochen begannen sich die Dinge jedoch zu ändern.

Eines Morgens sah ich Doug und bemerkte, dass der Dämon über seinem Kopf keinen Eimer mehr hatte, obwohl Doug noch mit dem schwarzen Öl bedeckt war. Zuerst war ich erleichtert, aber nur für einen Moment.

Derselbe Dämon, der eimerweise Scham über ihn gebracht hatte, begann nun, Dougs Gesicht zu streicheln. Es rieb seine Wangen mit einem nachsichtigen Lächeln im Gesicht, als würde er einen liebenswerten Welpen streicheln. Ich war so überrascht und angewidert, dass es einige Augenblicke dauerte, bis ich bemerkte, dass der Dämon mit einem spitzen Finger seiner anderen Hand in einer Wunde in Dougs Brustkorb herumstocherte.

Wunden manifestieren unsere emotionalen Schmerzen und Traumen. Sie sind die Spuren, die zurückbleiben, wenn sich Menschen mit ihren Worten und Handlungen gegenseitig verletzen oder wenn sie sich mit ihren Entscheidungen und Gedanken selbst verletzen. Nicht jeder Moment des Schmerzes hinterlässt eine Wunde. Die meisten Wunden heilen in kurzer Zeit, aber die, die nicht heilen, können Probleme verursachen und uns für die Lügen des Feindes verwundbar machen.

Ich beobachtete, wie der Dämon an der Wunde in Dougs Brust zerrte, sodass sie blutete. Dann bewegte er seine Hand zu Dougs Gesicht und begann an einem Kratzer an seiner Wange zu ziehen. Der Dämon fand ein halbes Dutzend weiterer Wunden und öffnete jede einzelne, während er mit der anderen Hand Dougs Gesicht streichelte. Als alle Wunden von Doug bluteten, griff der Dämon mit seiner tröstenden Hand irgendwo hinter seinen Rücken und brachte eine braune Flasche hervor. Er schüttelte die Flasche sanft vor Dougs Gesicht.

„Wie geht es dir, Doug?", fragte ich und versuchte, lässig zu klingen.

„Ach, weißt du. Ich kämpfe den guten Kampf", antwortete er und versuchte, lässig zu klingen.

Nichts an Dougs Gesichtsausdruck zeigte, dass er etwas von dem spürte, was passierte, nicht im wörtlichen Sinne, aber ich vermutete, dass er einen allzu vertrauten Drang spürte, den Schmerz zu lindern, den er fühlte.

Als ich Doug das nächste Mal sah, war er betrunken und wollte es verbergen. In der Sekunde, als Doug mich sah, holte der Dämon einen schwarzen Eimer hinter seinem Rücken hervor und begann, das gleiche dicke, schwarze Öl auszugießen.

Ich habe den Kreislauf der Scham tausendmal und auf tausend verschiedene Weisen gesehen. Geschichten wie die von Doug sind leider normal, aber viele Schamzyklen sind viel subtiler als bei ihm. Ich habe gesehen, wie Scham über jemanden abgeladen wurde, der einen Witz machte, über den niemand lachte, über jemanden, der im Lebensmittelgeschäft zehn Liter Eiscreme kaufte, und über jemanden, der zu spät zur Arbeit kam.

Schuld und Verlegenheit sind ganz normale menschliche Emotionen. Wir fühlen uns schuldig, wenn wir etwas tun, das nicht mit unseren Werten übereinstimmt. Schuld ist nützlich; sie sagt uns, wann wir uns anders verhalten, als wir es wollen. Es ist uns peinlich, wenn wir etwas tun, das andere negativ beeinflusst, oder wenn wir uns gegenüber anderen in einer Weise verhalten, die nicht mit unseren Werten übereinstimmt. Verlegenheit kann komplizierter sein als Schuldgefühle, da wir unsere Selbstwahrnehmung nicht gerne von der Meinung anderer beeinflussen lassen wollen, aber von ihrem Ursprung her ist Verlegenheit eine hilfreiche Emotion, die uns zu erkennen hilft, wann unsere Handlungen andere beeinflussen. Scham ist nicht hilfreich; sie ist nur destruktiv.

Schuld und Verlegenheit haben damit zu tun, wie wir uns in Bezug auf etwas fühlen, das wir getan oder gedacht haben; Scham hat damit zu tun, was wir darüber glauben, wer wir sind. Scham greift unsere Identität an. Die Bilder von Doug, die ich in dem schwarzen Öl sah, ließen ihn dumm, unüberlegt und bedauernswert aussehen. Während man Dougs Handeln leicht als dumm und unüberlegt bezeichnen könnte, ist der Doug, den Gott schon vor der Grundlegung der Erde kannte, nicht dumm oder unüberlegt. Dummheit ist nicht seine Identität.

Scham sagte Doug, er sei ein Idiot, er sei süchtig, und dass alle anderen das auch dachten. Schuldgefühle fördern den Wandel. Sie veranlassen uns zu sagen: „Ich habe etwas getan, das gegen meine Werte verstoßen hat; ich will das nicht noch einmal tun." Scham fördert Stagnation und endlose Zyklen des Scheiterns. Sie lässt uns sagen: „Ich habe etwas getan, das gegen meine Werte verstoßen hat; ich bin ein erbärmlicher Versager."

Vielleicht ist dir aufgefallen, dass derselbe Dämon, der Eimer um Eimer der Scham auf Doug häufte, auch an seinen Wunden zerrte und ihn dazu verführte, diese Wunden mit seiner Sucht zu betäuben. Ich wünschte, ich könnte sagen, dass dies selten vorkommt, aber so ist es nicht. Wenn ich einen Dämon sehe, der jemanden dazu verführt, seine Werte zu missachten, sehe ich in der Regel genau denselben Dämon, der die Person verurteilt und beschämt, weil sie der Versuchung zum Opfer gefallen ist.

Scham zu bekämpfen, kann schwierig sein. Auf der einen Seite habe ich viele Menschen erlebt, die sich wie Doug verhalten haben: Sie haben Scham verinnerlicht und sie als ihre Identität angenommen. Scham sagt ihnen, wer sie sind. Auf der anderen Seite habe ich gesehen, dass die Menschen zu weit gehen und ihre Schuld- und Verlegenheitsgefühle zusammen mit ihrer Scham über Bord werfen. Sie werfen anderen vor, sie würden sie verurteilen, wenn man ihnen eine Rückmeldung darüber gibt, dass ihr Handeln sie selbst oder andere verletzt. Sie sagen Sätze wie: „So bin ich eben" oder: „Ich sage es einfach, wie es ist." Auch wenn sich diese Art der Reaktion auf Scham vielleicht etwas befreiender anfühlt, ist das Ergebnis dennoch dasselbe. Die Scham sagt diesen Menschen immer noch, wer sie sind; sie haben sich nur gegenüber dem damit einhergehenden Schmerz betäubt.

Ich werde in späteren Kapiteln noch darauf eingehen, aber der einzige Ausweg aus der Scham ist, dass wir unsere Identität von Gott empfangen. Nur wenn wir seine Stimme hören, können wir uns von Scham und Verdammnis lösen und gleichzeitig seine liebevolle Korrektur annehmen. Seine Liebe – eine Liebe, die so mächtig ist, dass sie Wachstum fordern und uns dennoch so lieben kann, wie wir sind – ist das Einzige, was den Kreislauf der Scham durchbrechen kann.

Anzeichen dafür, dass du dieser Taktik ausgesetzt sein könntest:

1. Wenn dir bestimmte Erinnerungen in den Sinn kommen, fühlst du dich genauso schuldig wie beim ersten Mal.
2. Du fühlst dich oft von anderen verurteilt oder verdammt.
3. Jedes Mal, wenn du etwas Neues oder Hilfreiches ausprobierst, sagt dir eine kleine Stimme im Hinterkopf, dass du versagen wirst, und weckt Erinnerungen an das Versagen in deiner Vergangenheit.

Ressourcen

Die folgenden Ressourcen können hilfreich sein, wenn du dieser Taktik ausgesetzt bist:

- *Eine Frage der Ehre* von Kris Vallotton und Bill Johnson
- *Unbestrafbar* von Danny Silk
- *Healing the Orphan Spirit* von Leif Hetland
- *The Gifts of Imperfection* von Brené Brown (Anmerkung für die Leser: Dieses Buch wurde von einem Forschungsprofessor an der Universität Houston geschrieben, der zwei Jahrzehnte lang Scham und Empathie erforscht hat. Es ist nicht aus einer christlichen Perspektive geschrieben, aber ich fand dieses Buch sehr aufschlussreich und eine fantastische Hilfe für diejenigen, die mit Scham zu tun haben).

Kapitel 5

Labyrinthe

Wem ihr aber etwas vergebt, dem vergebe auch ich; denn auch ich habe, was ich vergeben habe – wenn ich etwas zu vergeben hatte -, um euretwillen vergeben vor dem Angesicht Christi, damit wir nicht vom Satan übervorteilt werden; denn seine Gedanken sind uns nicht unbekannt.

2. Korinther 2,10-11

Es war frühmorgens um kurz nach eins, als ich dalag und meinem Deckenventilator zuschaute. Seit drei Stunden versuchte ich einzuschlafen, aber mein Verstand spielte nicht mit. Die Gedanken kamen in stetigen Wellen über mich. Ich verjagte sie und beschloss, mich am nächsten Morgen mit ihnen zu befassen, aber wie bei dem Versuch, das Meer vom Strand zurückzudrängen, verlor sich jeder Fortschritt, den ich hatte, in der nächsten Welle.

Ein paar beunruhigende Wochen lagen hinter mir. Enge, gemeinsame Freunde gingen sich wegen einer Angelegenheit, mit der ich fast nichts zu tun hatte, gegenseitig an die Kehle. Ich hatte mein Bestes getan, um beiden Seiten zu helfen, ohne das Problem zu verschärfen oder ins Kreuzfeuer zu geraten. Ihr Konflikt war jedoch eskaliert und immer hässlicher geworden. Ich war traurig, aber nur, weil ich sie alle mochte. Ich war nicht wirklich an der Sache beteiligt, zumindest nicht am Anfang.

Am Morgen des vergangenen Tages hatte ich herausgefunden, dass eine der an der Sache beteiligten Personen hinter meinem Rücken mit der Person auf der anderen Seite des Konflikts schlecht über mich geredet hatte, und hatte dann entdeckt, dass dies schon seit Monaten so war.

Mein Herz schmerzte, als ich in einer immer größer werdenden Schweißpfütze liegend an die Decke starrte. Ich versuchte immer wieder, das Gefühl wegzuschieben und mich davon zu überzeugen, dass es keine große Sache war, dass die Person, die mir das gesagt hatte, sich vielleicht geirrt hatte, oder dass das Gesagte aus dem Zusammenhang gerissen worden war. Doch wurde mir immer heißer, egal mit wie vielen vernünftigen Gründen ich das Feuer meiner Gefühle löschen wollte.

Meine Gedanken waren immer wieder voller Bilder, wie ich meinen Freund konfrontierte, einige freundlich und andere mit viel Geschrei. Ich war wütend auf meinen Freund, weil er mich verraten hatte, dann fühlte ich mich schuldig, weil ich wütend war, und dann war ich wütend, weil ich mich schuldig fühlte, weil ich wütend war.

Erschöpft, überwältigt und mit der Erkenntnis, dass meine Misere langsam lächerlich wurde, sagte ich laut: „Was ist hier los?"

Obwohl ich nicht die Absicht hatte, in den Geist zu schauen, sah ich sofort eine große Tafel über mir erscheinen. Sie sah aus wie eine verdrehte und verfallene Requisite aus einer veralteten Spielshow. Die Ränder waren mit Stacheldraht und blinkenden Glühbirnen umwickelt. Auf dem Brett war ein kompliziertes, aus altem Holz gefertigtes Labyrinth angebracht, das grob zusammengenagelt war und Schlitze und Gänge hatte. Eine kleine Comic-Parodie eines Herzens bewegte sich durch das Labyrinth, dessen Bewegungen hektisch und unberechenbar waren, während es einige komplizierte Drehungen und Wendungen machte. Auf der einen Seite des Brettes hing ein Dämon in der Luft und lachte unbeherrscht.

„Was ist das?", fragte ich, noch abgelenkt von meinen tobenden Emotionen.

Der Heilige Geist antwortete: „Wo sind die Ausgänge?"

Ich sah genau hin. Das Labyrinth war so verworren, dass ich einige Zeit brauchte, um mit meinen Augen seine vielen Pfade entlangzugehen. Egal, welche Richtung ich nahm, ich fand nur Sackgassen oder Schleifen. Es war ein Labyrinth ohne Ausgänge.

„Es ist eine Falle", sagte ich mit Blick auf das Labyrinth. „Es führt nirgendwo hin."

Ich spürte, dass die friedliche Gegenwart des Heiligen Geistes wie eine warme Decke über mich kam. Das beseitigte zwar nicht den Schmerz in meinem Herzen, aber es besänftigte die damit verbundene Angst. Mit diesem neu gewonnenen Trost schaute ich mir das Labyrinth noch einmal an, und alles machte Sinn.

Ich wusste, dass das kleine Comic-Herz mein eigenes Herz darstellte. Ich wusste, dass die Art und Weise, wie sich das Herz durch das Labyrinth bewegte, ein Bild dafür war, dass ich verzweifelt versuchte, meine schmerzhaften Emotionen zu verarbeiten. Als ich beobachtete, wie das Herz einen Weg entlangschoss, plötzlich anhielt und dann auf einem anderen Weg wieder zurückschoss, konnte ich fühlen, wie mein Verstand zwischen dem Versuch, das Geschehene zu erklären, und der Wut über das Geschehene hin und her sprang. Als ich das Ganze beobachtete, konnte ich die Versuchung spüren, diese Dinge wieder durch meinen Kopf gehen zu lassen.

In meinem Gefühlchaos war ich dazu verleitet worden, in eine Richtung zu denken, die keine Lösung hatte. Es war ein endloser Kreislauf von Selbstbetrachtung, Frustration und nochmaligem Überdenken. Ich war so darauf aus, meinen Schmerz zu lindern, dass ich nicht erkannte, dass meine unaufhörlichen Versuche, mich aus dem Schmerz „herauszudenken", ihn nur fortdauern ließen.

Ich schloss meine Augen und sagte: „Gott, ich weiß nicht, was ich tun soll. Ich brauche Hilfe."

Das war nicht mein eloquentestes Gebet, aber die Resultate waren fast sofort sichtbar. Ich beobachtete, wie das verdrehte Gameshow-Labyrinth zu beben begann. Die Nägel, die es zusammenhielten, begannen zu wackeln und sich zu lösen. Ein panischer Gesichtsausdruck brachte das Lachen des Dämons plötzlich zum Erliegen. Er schoss nach vorne und versuchte, die bebenden Bretter zusammenzuhalten, aber das gesamte Labyrinth fiel schnell auseinander und verschwand zusammen mit dem Dämon.

Das Gefühl des Friedens wuchs. Mein Schmerz war immer noch da – er ließ noch nicht einmal nach – aber ich hatte keine Angst mehr davor. Plötzlich war es einfach, mit dem Herrn darüber zu sprechen, was als Nächstes zu tun war.

Seit diesem Tag habe ich viele Menschen gesehen, die wie ich in Labyrinthen gefangen waren. Manchmal sehen diese wie eine endlose Abwärtsspirale aus, manchmal wie unmöglich komplexe, dreidimensionale, sich ständig verändernde Puzzles und manchmal sind sie mit Buntstiften auf Tonpapier gezeichnet. Unabhängig davon, wie sie aussehen, ist das, was sie bewirken, das Gleiche. Sie ködern uns mit Denkansätzen, für die es keine Lösung gibt. Manche Labyrinthe werden gemacht, um uns in der Angst gefangen zu halten, manche, um unsere Entscheidungen kompliziert zu machen, und manche, damit wir uns dumm fühlen.

Wie ich bereits gesagt habe, ist der geistliche Kampf in erster Linie ein Kampf um die rechte Perspektive. Es ist ein Kampf darum, ob du dein Leben aus Gottes Sicht oder aus der Sicht des Feindes siehst. Ein Labyrinth ist eine Falle, bei der jeder Weg der Weg des Feindes ist.

In der vorherigen Geschichte führte jede Denkrichtung zu weiterer Frustration und Verletzung. Ich war so sehr in meine eigenen Gedanken und Emotionen versunken, dass ich nur durch göttliches Eingreifen aus der Sache herauskommen konnte. Selbst nachdem ich gesehen hatte, wie das Labyrinth aussah, und mir klar geworden war, dass ich getäuscht wurde, konnte ich immer noch die Versuchung spüren, dieser Denkrichtung wieder Raum zu geben.

Eine anhaltende, unauflösbare Verwirrung ist oft das Zeichen eines dämonischen Einflusses, ein Hinweis darauf, dass der Feind versucht, den emotionalen Schmerz zu verlängern oder dich zu einer voreiligen Entscheidung zu verleiten. Eine der wirkungsvollsten Wege, Verwirrung zu bekämpfen, besteht darin, nicht mehr darüber nachzudenken. Höre auf zu spekulieren! Höre auf, Überlegungen anzustellen! Höre auf zu denken! Halte inne, atme durch und lade die Gegenwart des Heiligen Geistes ein!

Um es klar zu sagen, ich schlage nicht vor, dass du deine Gefühle unter den Teppich kehrst oder deine Emotionen unterdrückst. Es war wichtig zu verarbeiten, was zwischen mir und meinen Freunden geschah. Es war wichtig zu entscheiden, wie ich reagieren würde. Aber noch wichtiger war, dass ich die Situation aus der himmlischen Perspektive sehen musste.

Aus der Perspektive des Himmels zu sehen bedeutet mehr, als eine direkte Antwort oder Lösung für ein Problem zu bekommen. Es geht darum, sich in der Verbindung mit Gott auf ein Problem einzulassen. Ich bekam an diesem Abend keine Lösung für mein Problem. Es dauerte mehrere Nächte lang, die Sache zu verarbeiten und zu reflektieren, um entscheiden zu können, wie ich auf die Situation reagieren wollte. Ich begann jede Nacht in einem ähnlichen Zustand hyperaktiver Selbstbeobachtung, und jede Nacht hielt ich meinen inneren Prozess an, bis ich die Gegenwart des Heiligen Geistes im Raum spürte. Manchmal dauerte es ein paar Minuten, manchmal ein paar Stunden, aber sie kam jede Nacht, ohne Einschränkung. Er hat mir nie gesagt, was ich tun solle, aber seine Gegenwart ermöglichte es mir, meine Reaktion in Weisheit und Frieden zu wählen, statt in Verwirrung und Schmerz.

Wir waren nie dazu bestimmt, unseren Weg durch diese Welt alleine zu gehen. Jesus hat uns versprochen, der Heilige Geist werde uns alles lehren und uns in alle Wahrheit führen. Wenn wir vergessen, innezuhalten und auf seine Gegenwart zu warten, verpassen wir einen großen Teil dessen, wofür Jesus bezahlt hat.

Anzeichen dafür, dass du dieser Taktik ausgesetzt sein könntest

1. Es fällt dir schwer, anderen zu vergeben.
2. Du wirst häufig an Schmerzen aus deiner Vergangenheit erinnert.
3. Dein Gedankenleben wird oft von Sorgen, Frustration, Verwirrung oder endlosem Nachdenken in Beschlag genommen.

Ressourcen

Die folgenden Ressourcen könnten für dich hilfreich sein, wenn du dich unter dieser Taktik befindest:

- *Victorious Emotions* von Wendy Backlund
- *Geistlicher Kampf auf drei Ebenen* von Francis Frangipane
- *Cracks in the Foundation* von Steve Backlund

Kapitel 6

Furcht

Denn Gott hat uns nicht einen Geist der Furchtsamkeit gegeben, sondern der Kraft und der Liebe und der Zucht.

2. Timotheus 1,7

Vor einigen Jahren besuchte ich einen Dienst für innere Heilung in der Gegend von Atlanta. Ich erzählte ein paar Minuten lang vom Sehen im Geist, beantwortete in ein paar weitere Minuten Fragen und betete danach für einige Leute. Die letzte Person, die zu mir zum Gebet kam, war eine junge Frau. Sie sah nicht gut aus.

Ihre Augen huschten hin und her, als erwartete sie, dass gleich ein Angreifer aus einem nahe gelegenen Schrank springen würde. Ihre Haut war blass und klamm. Ihre Augen waren von dunklen Ringen der Erschöpfung umgeben.

„Sie müssen mir helfen", sagte sie und schaute mir schließlich in die Augen.

„Okay", sagte ich. „Ich werde mein Bestes tun."

„Seit drei Jahren werde ich jede Nacht von Dämonen angegriffen. Die Angriffe begannen vor drei Monaten während des Tages. Jetzt passieren sie jeden Augenblick eines jeden Tages." Sie atmete ein paar Mal tief durch. „Und ich weiß nicht, was ich tun soll. Ich weiß nicht, was ich tun soll!"

Ich beobachtete, wie sich ihre Augen weiteten und sie immer heftiger atmete. Da ich nicht wusste, was ich noch tun sollte, schaute ich in den Geist und sah einen Lampenschirm auf dem Kopf der Frau.

Ich unterdrückte ein Lachen, denn die Panik der Frau und der Lampenschirm erschienen mir nebeneinander absolut absurd; dann schaute ich genauer hin. Schatten bewegten sich über die Oberfläche des Lampenschirms, vage Bilder wie grob ausgeschnittene Schattenpuppen. Verwirrt darüber, warum die Frau auf etwas so heftig reagierte, das nicht bedrohlicher war als das Nachtlicht eines Kindes, fragte ich mich: „Was sieht sie?"

Ein Engel, der in der Nähe der Frau stand, griff nach vorne, nahm ihr den Lampenschirm vom Kopf und setzte ihn auf meinen. Sofort sah der ganze Raum anders aus. Die Schatten auf dem Lampenschirm, die von außen so klein und unbedeutend ausgesehen hatten, sahen von innen massiv und dominant aus. Sie formten Dutzende von schrecklichen Gestalten, die sich hoch über mich erhoben und mit krallenartigen Händen nach unten griffen. Obwohl ich diese Art von Angriff schon etliche Male überwunden hatte und wusste, dass das, was ich sah, ein Trick des Feindes war, merkte ich, wie sich eine mir vertraute Angst meinen Brustkorb hochschlich. Ich blinzelte und schüttelte den Kopf, und die Vision war weg.

Ich schaute wieder zu der Frau hin, die nun so aussah, als würde sie in etwa drei Sekunden eine heftige Panikattacke bekommen.

„Hey", sagte ich, wobei ich so viel Mitgefühl in meine Stimme legte, wie ich konnte, „ich weiß, was Sie im Moment fühlen. Ich weiß, wie sich diese Angst anfühlt. Ich wurde drei Jahre lang auf diese Weise angegriffen. Aber ich sage Ihnen, dass sie nicht real ist; sie ist nur ein Trick."

„Nein!" Ihr Schrei ließ mich aufschrecken. „Ich kann sie sehen! Sie ist hier! Sie ist überall! Sie liegt auf Ihnen!"

„Angst, stopp!", sagte ich ruhig, aber bestimmt. Sofort begann sich die Atmung der Frau zu beruhigen.

Ich habe gesehen, wie Menschen auf ganz unterschiedliche Weise Autorität über Dämonen genommen haben. Ich ziehe es fast immer vor, es kurz und einfach zu halten. Jesus schien sich in der Bibel nie besonders lange damit zu beschäftigen, und ich möchte lieber nicht mehr Kraft hineinstecken als unbedingt notwendig.

„Wie ich schon sagte", fuhr ich fort, nachdem sie sich völlig beruhigt hatte, „ich weiß, wie sich diese Angst anfühlt. Sie ist anstrengend, überwältigend und scheint völlig unkontrollierbar zu sein." Die Frau nickte kurz.

„Aber sie ist auch eine Lüge, ein Trick. Sie ist eine Lüge, die Ihnen der Feind nach und nach erzählt hat, damit Sie sie jedes Mal ein wenig mehr glauben. Die Wahrheit ist, dass diese Angst nichts ist. Es steckt nichts dahinter. Es gibt keinen anderen Grund dafür, als dass der Feind immer nur nimmt, was er kriegen kann."

Ich fuhr fort und sagte der Frau, das Ziel bestehe nicht darin, die Angst loszuwerden. Wenn wir nur das tun, dann stehen wir, wenn sie zurückkommt, wieder am Anfang. Das Ziel ist es, so sehr auf Gottes Gegenwart und seine Stimme eingestellt zu sein, dass wir ihn inmitten der Angst spüren und hören können.

Angesichts meiner Geschichte bekomme ich Hunderte von E-Mails von Menschen, die dämonische Angriffe, insbesondere Angstattacken, erleben. Ich wundere mich über die vielen Christen, die täglich mit einer überwältigenden Angst zu tun haben, besonders wenn ich daran denke, wie allein ich mich fühlte, als ich meine Angst erlebte. Angst kann überwältigend sein, aber Angst kommt nicht immer so drastisch wie bei mir, als ich jung war, oder so intensiv wie bei der Frau in der obigen Geschichte.

Vielleicht stellst du dir jedes Mal, wenn dein Ehepartner zur Tür hinausgeht, vor, dass er oder sie bei einem Autounfall stirbt. Vielleicht machst du dir jedes Mal, wenn du von einer lähmenden Krankheit hörst, Sorgen, dass jeder Schweißausbruch und jede Hautunreinheit ein Frühsymptom sein könnten. Vielleicht meidest du die Nachrichten, weil mehr als fünf Minuten Fernsehen dazu führen, dass du den Rest der Nacht wach bleibst und befürchtest, Fremde könnten deine Kinder entführen. Die Angst nimmt viele Formen an, weil es dem Feind egal ist, *warum* man sich fürchtet; es geht ihm nur darum, *dass* man sich fürchtet.

Manche definieren Angst als „falsche Beweise, die echt erscheinen", doch obwohl ich anerkenne, worauf sie hinauswollen, hat sich dieses Wortspiel für mich nie als sehr hilfreich erwiesen. Die Realität sieht so aus, dass Menschen bei Autounfällen sterben, dass Menschen schwere Krankheiten bekommen und Kinder von Fremden entführt werden. Echte Beweise sind ebenso oft Teil der Angst wie falsche Beweise. Angst ist ein komplizierter Knoten, der sich mit jedem beunruhigenden Gedanken und jedem Beweisstück, ob falsch oder nicht, verfestigt. Der Versuch, den immer enger werdenden Knoten mit Fakten und Wahrheit zu entwirren, macht auf dem Papier Sinn, aber ich habe sowohl bei mir selbst, als auch bei vielen Menschen, denen ich geholfen habe, festgestellt, dass Fakten und Wahrheit selten helfen. Die wirkliche Lösung ist viel einfacher.

> *Du bereitest vor mir einen Tisch angesichts meiner Feinde; du hast mein Haupt mit Öl gesalbt, mein Becher fließt über* (Ps 23,5.

Als Kind habe ich diese Schriftstelle gehasst. Ich wollte nicht in Gegenwart meiner Feinde an einem Tisch sitzen. Ich wollte sie überhaupt nicht sehen. Ich hatte Angst vor ihnen. Der Gedanke, mich mit meinem himmlischen Vater zum Essen hinzusetzen, während irgendwo an der Seite ein Haufen gackernder Dämonen saß, fühlte sich wie ein Albtraum an. Erst als ich meinen Durchbruch in Bezug auf die Angst hatte, wurde mir klar, warum dieser Bibelvers so wichtig war. Gott will keinen Tisch in der Gegenwart deiner Feinde decken, weil er deine Tapferkeit testen oder sich an seinen Feinden ergötzen will. Gott bereitet einen Tisch in der Gegenwart deiner Feinde vor, damit du sehen kannst, wie deine Feinde in seiner Gegenwart aussehen.

Ob du nun intensive Angst erlebst wie ich, als ich jung war, oder einige der subtileren Schattierungen von Angst, die ich oben aufgezählt habe, die Lösung ist trotzdem dieselbe: Wir müssen uns unseren Ängsten stellen, während wir mit der Gegenwart Gottes verbunden sind. Fakten und Wahrheit sind – nach einer Begegnung mit Gott – eine ausgezeichnete Hilfe, aber ohne seine Gegenwart werden Fakten und Wahrheit oft in den Knoten der Angst verdreht.

Die Angst ist eine der häufigsten Fallen, die der Feind den Kindern Gottes stellt. Wenn ich jemanden sagen höre: „Ich war in letzter Zeit sehr angegriffen", stelle ich meist fest, dass ein negativer Umstand oder eine Reihe negativer Umstände eingetreten ist und dass der Feind diese Gelegenheit nutzt, um so viel Angst wie möglich auf die Person abzuladen. Die Angst lässt uns glauben, dass diese Umstände nie enden werden oder dass wir sie nie bewältigen können. Angst macht es uns schwer, klar zu denken, und verdreht Tatsachen und Wahrheit nach Belieben. Die Angst erschöpft uns mit dem, was passieren könnte, und behindert unsere Fähigkeit, die Überwinder zu sein, die wir sein sollen. Die Angst, die der Feind verbreitet, hat nicht mehr Substanz als der Lampenschirm, den ich auf dem Kopf dieser Frau gesehen habe. Es ist ein billiger Trick, um die Wahrheit zu verbergen.

> *Auch wenn ich wandere im Tal des Todesschattens, fürchte ich kein Unheil, denn du bist bei mir; dein Stecken und dein Stab, sie trösten mich* (Ps 23,4).

Es spielt keine Rolle, wovor du dich fürchtest. Es spielt keine Rolle, ob das, was du befürchtest, logisch oder unlogisch ist. Wichtig ist nur, dass du weißt, wer bei dir ist.

Anzeichen dafür, dass du dieser Taktik ausgesetzt sein könntest

1. Du erlebst regelmäßig Angstattacken.
2. Du machst dir mindestens zweimal in der Woche Sorgen, dass deiner Familie etwas Schlimmes zustoßen könnte.
3. Es fällt dir schwer, Hoffnung für die Zukunft zu erleben.

Ressourcen

Die folgenden Ressourcen könnten für dich hilfreich sein, wenn du dich unter dieser Taktik befindest:

- *Spirit Wars* von Kris Vallotton
- *Let's Just Laugh at That!* von Steve Backlund
- *Überwinde deine Ängste* von Dawna De Silva

- *Daring Greatly* von Brené Brown (Anmerkung für die Leser: Dieses Buch wurde von einem Forschungsprofessor an der Universität Houston geschrieben, der zwei Jahrzehnte lang Scham und Empathie erforscht hat. Es ist nicht aus einer christlichen Perspektive geschrieben, aber ich fand dieses Buch sehr hilfreich für diejenigen, die mit Angst zu tun haben).

Kapitel 7

Ablenkung

So seid nun nicht besorgt um den morgigen Tag! Denn der morgige Tag wird für sich selbst sorgen. Jeder Tag hat an seinem Übel genug.

Matthäus 6,34

Unsere jüngste Tochter, Sybil, war gerade geboren worden. Meine Frau April verbrachte die meiste Zeit oben in unserem Schlafzimmer, wo sie sich ausruhte und sich mit unserem neuen Baby verband. Da wir noch vier weitere Kinder haben, verbrachte ich die meiste Zeit damit zu kochen, zu putzen, mit zwei oder drei Kindern gleichzeitig herumzubalgen, sie zur Schule zu bringen oder abzuholen und gelegentlich zu schlafen.

Eines Nachts, kurz nachdem ich die älteren Kinder ins Bett gebracht hatte, kam meine Frau nach unten. Sie war in den letzten Wochen absolut in Hochstimmung gewesen – verliebt in unser neues Baby und begeistert von unserer Entscheidung, noch eines zu bekommen, obwohl wir ursprünglich nur vier haben wollten. Ich war also überrascht, dass sie mit Tränen in den Augen daherkam.

„Was ist los?", fragte ich.

„Ich bin einfach enttäuscht."

„Was?", fragte ich. „Du warst doch so glücklich. Was ist denn passiert?"

„Nicht über sie", sagte sie und hob unser Neugeborenes ein wenig höher. „Ich bin enttäuscht, dass ich in den Antiquitätenladen gegangen bin."

Verwirrt und immer noch benebelt von mangelndem Schlaf, versuchte ich mich an das zu erinnern, wovon sie sprach. Sybil war vor ein paar Wochen geboren worden; Aprils Schwester war am Tag danach zu uns gekommen, um zu helfen. Ich erinnere mich vage daran, dass sie irgendwann gemeinsam in den Laden gingen.

„Ich hätte nicht in den Antiquitätenladen gehen sollen. Ich habe ein fünf Tage altes Baby nach draußen gebracht! Was habe ich mir bloß dabei gedacht? Das war so dumm. Ich hätte mich einfach ausruhen sollen. Ich ging nur, weil meine Schwester gehen wollte. Sie hat mich nicht dazu gezwungen. Ich ging nur, weil ich mich schlecht fühlte, dass sie extra hergekommen war."

„Babe", sagte ich, überrascht von der aufrichtigen Bestürzung, die ich in ihrer Stimme hörte, „ich verstehe, dass du es bereust, gegangen zu sein. Aber jetzt ist es vorbei, und das war doch nur ein Tag."

„Nein, darum geht's nicht", sagte sie und ihre Stimme wurde noch intensiver. „Dies ist wahrscheinlich unser letztes Baby, und ich möchte nichts davon verpassen. Ich habe zu viel Zeit damit verbracht, ein guter Gastgeber für meine Schwester zu sein. Ich habe zu viele Freunde eingeladen, zu uns zu kommen. Wir sind immer noch viel zu beschäftigt. Wir haben noch nicht einmal ihren Namen ausgesucht."

Es stimmte, dass wir uns noch nicht ganz entschieden hatten, wie sie heißen sollte, und ich wusste, dass es für April normal war, über Dingen beunruhigt zu sein, die noch nicht geklärt waren. Aber die verzweifelte Art, wie sie sprach, und die Art, wie sie von Thema zu Thema sprang, fand ich seltsam. Ich tat also, was ich immer tue, wenn ich nicht weiß, was los ist: Ich fragte den Heiligen Geist.

Ein Dämon schwebte um April herum und surrte und schwirrte wie ein übergroßes Insekt. Alle paar Augenblicke zupfte er an etwas an ihrem Hinterkopf. Eine kleine Substanz quoll aus ihr heraus, fester als Rauch, aber weniger fest als Seide. Ich konnte verzerrte Bilder darauf flackern sehen, als würde der Dämon an einer Leinwand in ihrem Kopf ziehen. Er zog eine aus der linken Seite ihres Kopfes heraus, schwirrte dann auf die andere Seite und zog auch dort eine heraus, und dann schwebte er zum oberen Teil ihres Kopfes und zog eine weitere von dort heraus.

„April", sagte ich und unterbrach sie, „es tut mir leid, aber ich muss dir etwas sagen."

Sie hielt inne und wischte sich das Gesicht ab. „Okay."

„Hinter dir steht ein Dämon", und ich beschrieb, wie er um ihren Kopf schwirrte und an dem zog, von dem ich jetzt wusste, dass es ihre Erinnerungen waren.

„Ich weiß, dass du über einige der Entscheidungen, die du in den letzten Wochen getroffen hast, unglücklich bist. Ich weiß, dass es dir nicht gefällt, dass wir ihren Namen noch nicht endgültig festgelegt haben, und ich weiß, dass du nicht verpassen möchtest, unser letztes Baby zu genießen. Aber darum geht es ja genau. Alles, was dieses Ding versucht, ist, dich davon abzulenken, deine Zeit mit ihr zu genießen." Ich zeigte auf unsere Tochter.

„Wie meinst du das?", fragte sie und sah zu dem Baby hinunter.

„Vielleicht solltest du tatsächlich darüber nachdenken, welche Art von Grenzen du in Bezug auf die Familie und Freunde brauchst; vielleicht hättest du nicht in den Antiquitätenladen gehen sollen; und vielleicht hätten wir ihren Namen schon längst herausfinden sollen. All das mögen Dinge sein, an denen wir arbeiten müssen, aber dieser Dämon bringt diese Erinnerungen nur aus einem Grund hoch: um dich von genau dem abzuhalten, was du nicht verpassen willst. Deine Grenzen, deine Schwester oder Ähnliches sind ihm völlig egal; er will dich nur ablenken. Und morgen wird er wahrscheinlich versuchen, deine Aufmerksamkeit darauf zu lenken, wie schuldig du dich fühlst, weil du abgelenkt bist. Deshalb wechselt er ständig das Thema und versucht, deine Gedanken überallhin zu lenken. Er versucht verzweifelt, deine Aufmerksamkeit auf alles, nur nicht auf das Wichtigste zu lenken."

„Also, was soll ich dann tun?", fragte sie, ohne ihre Augen von dem Baby zu lassen.

Als sie dort stand, mit ihren Augen auf unsere Tochter gerichtet, beobachtete ich, wie der Dämon wieder nach ihrem Kopf griff. Seine Hand stoppte kurz, und er zog schnell seine Finger zurück und rieb sie mit der anderen Hand. Es versuchte, nach einer anderen Stelle zu greifen, und wieder zog er die Hand zurück, als hätte er sich die Finger an etwas Hartem gestoßen. Das böswillige Lächeln, das zuvor sein Gesicht beherrscht hatte, verblasste zu einem Blick frustrierter Enttäuschung.

„Konzentriere dich einfach auf sie", sagte ich. „Die anderen Sachen können wir später klären. Nichts anderes ist im Moment so wichtig."

*****

Ablenkungen gibt es in vielen Formen. Wir können durch Unterhaltung abgelenkt werden, indem wir unser persönliches Wachstum und unsere Verantwortung ignorieren, und stattdessen Trost bei einem Film oder einem Buch suchen. Wir können durch unsere Verantwortlichkeiten abgelenkt und davon so in Beschlag genommen sein, dass wir vor Stress gelähmt werden. Wir können uns von der Zukunft ablenken lassen und uns ständig in eine Berufung hineinträumen, aber nie einen Schritt in diese Richtung gehen. Es gibt viele Arten von Ablenkungen, die aber alle dasselbe tun: Sie halten uns in unendlichen Schleifen der Sorge, der Spekulation und Angst gefangen, indem sie uns von allem ablenken, was Gott für uns hat.

Ablenkungen können verzwickt sein. In den meisten Fällen ist das, was der Feind benutzt, um uns abzulenken, nicht von Natur aus schlecht. Es ist ja nicht unbedingt etwas Falsches daran, einen Film zu sehen oder ein Buch zu lesen, selbst wenn es nur der Unterhaltung dient; es ist auch wichtig, mit unseren Verantwortlichkeiten gut umzugehen; und jeder sollte Zukunftsträume haben. Bei Ablenkungen geht es nicht darum, womit wir abgelenkt werden, sondern darum, von was wir abgelenkt werden.

In der Geschichte oben bedauerte April, dass sie ihrem Impuls, einen Gast zu empfangen, eine höhere Priorität eingeräumt hatte als ihrem Wert, Zeit mit unserem neuen Baby zu verbringen. Dieses Bedauern war aufrichtig, und wahrscheinlich musste sie sich die Zeit nehmen, um darüber nachzudenken, warum sie ihre Werte missachtet hatte. Ihr Bedauern war kein Angriff des Feindes; der Feind versuchte nur, sie dazu zu bringen, sich auf ihr Bedauern zu fixieren. Die grausame Ironie dabei ist, dass die Fixierung auf ihr Bedauern sie dazu brachte, genau das zu tun, was sie bedauerte – nämlich es zu verpassen, die ersten Tage mit unserem Neugeborenen zu genießen.

Ja, es war wichtig, dass April ihr Bedauern aufarbeitete, nur nicht sofort. Der beste Weg, Ablenkung zu bekämpfen, besteht nicht darin, dass wir uns für unsere Ablenkung verurteilen, sondern dass wir uns einfach auf das konzentrieren, was Gott uns jetzt schenken möchte. Es wird so viel einfacher, unsere Prioritäten festzulegen, wenn wir Gott und unsere Beziehung zu ihm zu unserer obersten Priorität machen.

Anzeichen dafür, dass du dieser Taktik ausgesetzt sein könntest

1. Du bist immer wieder enttäuscht darüber, womit du deine Aufmerksamkeit und Zeit verbringst.
2. Du hast das Gefühl zu stagnieren, was das Verfolgen deiner Bestimmung und Ziele angeht.
3. Du erlebst längere Zeiten der Hoffnungslosigkeit.

Ressourcen

Die folgenden Ressourcen könnten für dich hilfreich sein, wenn du dieser Taktik ausgesetzt bist:

- *Geistlicher Kampf auf drei Ebenen* von Francis Frangipane
- *Rootet* von Banning Liebscher
- *Declarations: Unlocking Your Future* von Steve Backlund

KAPITEL 8

Sichtweisen

Sinnt auf das, was droben ist, nicht auf das, was auf der Erde ist!

Kolosser 3,2

Ich leite derzeit die *Bethel Atlanta School of Supernatural Ministry.* Dazu gehört, dass ich unterrichte, zusammen mit den Leitern des jeweiligen Jahrgangs die Lehrpläne ausarbeite, zur Schaffung einer Kultur und einer Umgebung beitrage, in denen unsere Schülerinnen und Schüler gut wachsen können, sowie die Zukunft der Schule plane. Eine meiner weiteren Aufgaben ist es, Gespräche mit Schülern zu führen, die ein Problem haben.

Um einfache Probleme, wie zum Beispiel, zu viele Unterrichtsstunden zu verpassen oder zu oft zu spät die Hausaufgaben zu machen, kümmern sich normalerweise unsere angestellten Pastoren. Größere Probleme, wie ungelöste Differenzen unter den Schülern oder respektlose Aussagen während des Unterrichts werden normalerweise vom Leiter des jeweiligen Jahrgangs angesprochen, in dem sich der Schüler befindet. Hat ein Schüler ein Problem, über das er mit mir sprechen muss, ist es in der Regel schon ziemlich heftig oder kompliziert geworden.

Eines Abends hatte ich drei solcher Gespräche vor mir. Da ich mir nicht sicher war, ob es fruchtbar oder anstrengend sein würde, schickte ich eine kurze Nachricht an Schüler Nummer eins auf meiner Liste und fragte, ob wir uns in der ersten Pause treffen könnten.

Eine Stunde später saß ich diesem jungen Mann gegenüber. Er sah schon nervös aus, bevor das Gespräch begann, und war unsicher, wie er seine Hände falten und ob er mir in die Augen blicken sollte. Ich werde nicht darauf eingehen, was das Problem war, da es für diese Geschichte nicht wichtig ist, aber während wir sprachen, wurde seine Scheu umso größer, je tiefer wir uns in das Thema vertieften. Er sackte in seinem Stuhl immer tiefer, duckte sich, als könne ich jeden Moment zuschlagen, und sagte jeweils nur drei oder vier Worte auf meine Fragen.

Ich bin sicherlich nicht annähernd perfekt darin, Menschen zu konfrontieren. Aber dieser Job hatte mir reichlich Gelegenheit zum Üben gegeben, sodass ich mich zumindest als guter Amateur fühlte. Mein Hauptziel bei jedem Einstieg in ein solches Gespräch war es, mein Bestes zu geben, um die Person mit so viel Respekt und Ehre wie möglich zu behandeln. Ich wurde nicht laut und erniedrigte ihn auch nicht. Ich wusste, wie es war, einen Fehler zu machen, und deshalb versuchte ich, den Fehler so anzusprechen, wie ich mir wünschte, dass jemand einen meiner Fehler ansprechen würde: freundlich, aber nicht verharmlosend oder nachgiebig. Je länger wir jedoch sprachen, desto mehr sah er wie ein verängstigter Welpe aus.

„Heiliger Geist", sagte ich in Gedanken, „was geht hier vor?"

Es gab einen Schimmer, und dann sah ich, wie sich in dem Raum zwischen mir und dem Schüler ein gräulicher Film formte, sodass ich ihn kaum sehen konnte. Dann erschien ein Bild auf dem grauen Film wie eine Projektion auf einer Leinwand. Ich sah ein lebensgroßes Bild von mir, aber das war nicht ich.

Diese Version von mir war etwas größer, mit größeren Muskeln und gröberen Gesichtszügen. Sie bewegte sich auch anders. Eine leichte Anpassung meiner Sitzposition sah wie eine aggressive, verärgerte Frustration aus; ein höfliches Lächeln verwandelte sich in ein wütendes Hohnlächeln; und als ich sprach, verwandelte das Bild auf dem Bildschirm von mir jedes Wort in einen bedrohlichen Schrei.

„Was geht hier vor?", fragte ich innerlich.

„Das ist, wie er gelernt hat, dass Autorität aussieht", antwortete der Heilige Geist.

Ich lehnte mich nach vorne, sah dem jungen Mann in die Augen und sagte so freundlich wie möglich, ohne unaufrichtig zu klingen: „Hast du Angst, dass ich dich dafür bestrafen werde, dass du in Schwierigkeiten bist, oder dass ich dich aus der Schule rausschmeißen werde?"

Er nickte und sein Gesicht entspannte sich ein wenig.

„Ich will nur verstehen, was passiert ist. Danach können wir darüber reden, was wir tun werden."

Danach lief das Gespräch viel besser.

Später saß ich Schülerin Nummer zwei, einer jungen Frau, gegenüber. An ihren verschränkten Armen und ihrer hochgezogenen Nase konnte ich erkennen, dass sie sich nicht auf dieses Gespräch freute. Diesmal schaute ich gleich in die geistliche Welt und sah denselben grauen Schirm zwischen ihr und mir.

Diesmal war die Karikatur, die von mir auf der Leinwand erschien, subtiler. Mein höfliches Lächeln wirkte höhnisch und spöttisch. Ein Wechsel meiner Sitzposition hallte als schnaufender Seufzer wider. Jede kleine Bewegung war herablassend und erniedrigend.

„Du hörst nicht zu!", sagte sie, nachdem ich wörtlich wiederholt hatte, was sie soeben gesagt hatte. „Niemand kümmert sich um das, was ich alles bewältigen muss."

So sehr ich es auch versuchte, hatte ich nie das Gefühl, wirklich mit der Schülerin zu sprechen, und es wurde nicht besser.

Eine weitere Stunde später war ich bei Schülerin Nummer drei angelangt, einer Frau, die mindestens dreißig Jahre älter war als ich. Ich hatte große Hoffnungen in dieses Treffen gesetzt. Sie schien entspannt dazusitzen, hielt höflichen Augenkontakt und hatte ein freundliches Lächeln auf ihrem Gesicht.

Nur um zu sehen, was passieren würde, schaute ich noch einmal im Geist und fand wieder den Grauschleier zwischen uns. Ich war überrascht, dass eine etwas jüngere und schönere Version von mir auf die Leinwand projiziert wurde. Ich wusste nicht, was ich davon halten sollte, bis wir mit dem anfänglichen höflichen

Geplauder fertig waren und ich anfing, das aktuelle Problem anzusprechen.

Während des lockeren Teils unseres Gesprächs hatte die Projektion meine Bewegungen genau nachgeahmt. Das änderte sich in dem Moment, als ich damit anfing, das Problem anzusprechen. Meine Gesten wurden in die listigen Gesten eines Verkäufers, der Leute unter Druck setzt, übertrieben. Mein Lächeln war wie aufgemalt, unecht. Und immer, wenn die Frau sprach, zeigte die Projektion einen gelangweilten Ausdruck.

„Gut ... gut", sagte sie und hob die Hände in Ergebung. „Ich verstehe. Ich habe Mist gebaut. Ich werde es nicht noch einmal tun. Kein Problem."

Ich hielt lange genug inne, um sicherzustellen, dass sie fertig war, bevor ich sagte: „Ich versuche nicht, dir die Schuld für das Geschehene zuzuschieben. Ich versuche nicht, dich dazu zu überreden, Schuld einzugestehen." Dann erklärte ich ihr, dass mein Ziel nur war, dass sie verstand, wie sich das Geschehene auf die Schule und die anderen beteiligten Schülerinnen und Schüler auswirkte, und dass es mir eigentlich egal war, wer mehr Schuld hatte. Ich wollte nur wissen, was sie mit dem Teil, für den sie verantwortlich war, machen würde.

Sie schaute mich mit einem Auge an, prüfte meine Aufrichtigkeit und sagte dann: „Okay, ich denke, darüber können wir reden."

*****

„Brillen" oder „Filter" sind die Vorstellungen, die wir aufgrund unserer Erfahrungen von der Welt haben. Sie bestimmen, was wir von den Menschen erwarten, wie sie sich verhalten und was sie denken. Brillen sind nicht von Natur aus schlecht, sondern ein normaler Teil unserer Wahrnehmung der Welt, aber wenn wir nicht erkennen, dass unsere Brillen die Art und Weise, wie wir die Dinge sehen, verzerren, dann kann der Feind sie benutzen, um uns an Orte zu lotsen, an die wir nicht gehen wollen.

Unsere Brillen verändern sich auf unserem Weg durchs Leben; sie werden durch unsere Erfahrungen verbogen und geformt.

Die vorige Geschichte veranschaulicht, dass viele von uns verschiedene Brillen für die gleiche Sache haben. Jeder Schüler, mit dem ich an diesem Abend zusammenkam, hatte eine andere Brille für Autorität. Der erste sah Autorität als aggressiv und übermächtig an, als etwas, das man fürchten musste. Die zweite sah Autorität als respektlos und abwertend an, ohne jegliches Mitgefühl. Die dritte sah Autorität als eigennützig und manipulativ an, nur daran interessiert, dass man tut, was sie will.

Vielleicht waren diese Schüler von übermächtigen Eltern aufgezogen worden, von respektlosen Lehrern unterrichtet worden oder hatten unter manipulativen Pastoren gedient. Ich weiß es nicht sicher, aber ich weiß, dass der Feind ihre Brillen benutzte, um zu versuchen, ihnen eine verzerrte Perspektive von mir zu geben und mir eine verzerrte Perspektive von ihnen zu geben.

Wir haben Brillen für alles, auch für das, was eine höfliche oder unhöfliche Konversation am Esstisch ist, wie oft enge Freunde in der Woche miteinander reden sollten, ob man einfach nur winkt oder anhält und Hallo sagt, wenn man einen Bekannten im Supermarkt trifft, und wann es okay ist, das letzte Stück Pizza zu nehmen. Wie ich schon sagte, sind Brillen nicht von Natur aus schlecht, aber sie werden gefährlich, wenn wir uns die Lügen anhören, die der Feind uns durch sie vermitteln will.

„Kannst du glauben, dass sie das gesagt hat? Sogar beim Abendessen. Wie peinlich! Ich wusste nicht, dass sie so jemand ist."

„Frank hat in letzter Zeit nicht oft angerufen. Ich dachte, ihr wärt eng befreundet. Er war diese Woche mit drei anderen Personen unterwegs; du hast es ja auf Facebook gesehen. Er muss bessere Freunde gefunden haben."

„Sie lief direkt an uns vorbei und hat dich kaum angesehen. Du musst sie wohl irgendwann verletzt haben. Du bist echt blöd."

„Hast du dir gerade das letzte Stück Pizza geschnappt? Was, wenn jemand anders es gewollt hätte? Wie viele hast du schon gehabt? Du bist so ein Vielfraß."

So albern einige davon erscheinen mögen, aber dies sind alles Beispiele für die Art von Lügen und Manipulationen, die ich erlebt habe und mit denen der Feind Menschen bombardiert hat.

Lügen, die so gestaltet sind, dass sie unserer Sichtweise der Welt entsprechen. Lügen, die Bitterkeit säen, unsere Freundschaften beschädigen, uns das Gefühl geben, abgelehnt zu werden, und Scham aufrechterhalten.

Wir können diese Lügen abwehren, indem wir uns demütig daran erinnern, dass wir begrenzte Menschen sind mit einer begrenzten Sicht der Welt und der Menschen in ihr. Wir können die Gedanken und Absichten der Menschen nicht lesen. Jeder Versuch, dies zu tun, wäre reine Spekulation. Die einzige Möglichkeit, um zu verstehen, was in anderen vor sich geht, ist, Fragen zu stellen. Dies hilft nicht nur, die Lügen des Feindes abzuwehren, sondern auch unsere Brille neu zu formen. Zum Beispiel: „Was meintest du, als du sagtest ...?" „Ich frage mich, ob du über etwas verärgert bist." „Ich war verwirrt, als ..." Auch wenn solche Fragen sich heikel oder bedrohlich anfühlen können: Wenn wir unsere Wissenslücken mit dem füllen, was die Leute dazu zu sagen haben, hilft dies, zu verhindern, dass wir diese mit unseren eigenen Spekulationen oder, schlimmer noch, mit Lügen des Feindes füllen.

Fragen zu stellen und demütig zu handeln, ist eine gute Möglichkeit, um sicherzustellen, dass der Feind uns nicht durch unsere Sichtweisen bzw. Brillen manipulieren kann, aber die zerbrochenen und verdrehten Brillen, welche die Folge unserer Erziehung und unserer Erfahrungen sind, zu korrigieren, ist ein lebenslanger Prozess. Eine der besten Möglichkeiten, dies zu tun, ist die Entwicklung unserer Kommunikationsfähigkeiten – nicht nur zu lernen, mit Eloquenz und Stil zu reden, sondern auch bereit und fähig zu sein, andere verstehen und wirklich kennenlernen zu wollen.

Deshalb empfehle ich, insbesondere was dieses Kapitel angeht, dass ihr die unten aufgeführten Ressourcen studiert. Sie werden euch helfen, diese Fähigkeiten zu entwickeln. Wir werden uns in späteren Kapiteln eingehender damit befassen, aber die Fähigkeit, gesunde Beziehungen zu entwickeln, ist ein grundlegender Aspekt des Lernens, frei von den Angriffen des Feindes zu leben.

Anzeichen dafür, dass du dieser Taktik ausgesetzt sein könntest

1. Du hast überall, wohin du kommst, immer wieder dasselbe Problem (z. B. „alle Leiter kontrollieren", „alle jungen Menschen sind respektlos", „keine der Gemeinden, in die ich gehe, sieht mich als das, was ich bin").
2. Du fühlst dich regelmäßig missverstanden.

Ressourcen

Die folgenden Ressourcen können für dich hilfreich sein, wenn du dieser Taktik ausgesetzt bist:

- *Kultur der Ehre* von Danny Silk
- *Lass deine Liebe an!* von Danny Silk
- *Brave Communication* von Dann Farrelly (Anmerkung für die Leser: Dies ist eine Audio-/Video-Botschaft, die unter shop.bethel.com verfügbar ist. Es ist eine der besten und prägnantesten Lehren über gesunde Kommunikation, die ich je gehört habe, und eine meiner am meisten empfohlenen Ressourcen).

KAPITEL 9

Lügen

... so zerstören wir überspitzte Gedankengebäude und jede Höhe, die sich gegen die Erkenntnis Gottes erhebt, und nehmen jeden Gedanken gefangen unter den Gehorsam Christi

2. Korinther 10,4b-5

Ich war sechzehn Jahre alt und war an einem Sonntagmorgen in meiner Kirche, als einer meiner Freunde aus der Jugendgruppe herbeigerannt kam und meinen Namen rief.

„Blake! Blake, ich muss sofort mit dir reden!"

Ich drehte mich um und hob meine Hände zur Abwehr, als er gerade noch direkt vor mir anhalten konnte.

„Ich ... muss ... dich ... was ... fragen." Er sagte jedes Wort mit einem angespannten, unterbrechenden Atemzug.

„Vielleicht solltest du erst einmal Luft holen."

Er wartete, bis sein Atem sich beruhigt hatte, und sagte dann: „Du musst mir sagen, ob etwas auf mir ist."

„Wie meinst du das?", fragte ich, obwohl ich genau wusste, was er meinte.

„Schau mal", sagte er, wobei seine Stimme wieder etwas verzweifelter klang, „ich weiß, dass du nicht über Dämonen und so was redest. Ich weiß, du sagst, es hilft niemandem, aber du musst es mir jetzt sagen, bitte."

Die Art und Weise, wie er „bitte" sagte, war so niedergeschlagen, dass sie meine Weigerung im Keim erstickte. Ohne lange nachzudenken, schaute ich im Geist.

Ein kleiner Dämon schwebte in der Luft zwischen mir und meinem Freund. Er war dünn, hatte eine eklig-grüne Haut und war mit Schleim bedeckt. Sein Rücken war zu mir gekehrt, und er zappelte hin und her, während er sich abmühte, meinem Freund etwas über den Kopf zu zwängen, wie ein Elternteil, der versucht, ein unwilliges Kleinkind anzuziehen. Es war eine grob gearbeitete Stoffmaske im gleichen Erbsengrün wie die Haut des Dämons; dazu hatte sie eine schweinchenähnliche Nase und falsch platzierte Öffnungen für die Augen.

Der Dämon drehte sich um und sah mich an, als hätte man ihn mit der Hand in der Keksdose erwischt. Ich sah gleich, dass er die gleiche schweinische Nase hatte wie die schlecht passende Maske, die meinem Freund halb über dem Gesicht hing.

„Ich glaube ..." Ich zögerte, da alle meine Vorbehalte, was Gespräche über Dämonen anging, zurückkamen. „Es ist keine so große Sache."

„Nein", sagte er und packte mich am Hemd. „Bitte, du musst es mir sagen."

Seine Mischung aus Aufrichtigkeit und Verzweiflung warf mich aus dem Konzept. Die meisten Leute, die wollten, dass ich über Dämonen spreche, wollten nur mal eine Überprüfung oder ihre Neugier befriedigen. Mein Freund dagegen verhielt sich, als sei er gerade vergiftet worden und als hätte ich das einzige Gegenmittel.

„Okay", sagte ich, „aber zuerst musst du mir sagen, warum es so wichtig ist. Was ist los?"

Er ließ mein Hemd los und trat einen Schritt zurück, wobei er einen verlegenen Blick auf seinem Gesicht hatte. „Du musst mir sagen, ob ich böse bin."

Ich unterdrückte ein Lachen, als ich sah, wie viel Besorgnis auf seinem Gesicht lag. „Was?"

„Seit ich ein Kind war, hatte ich immer nur diesen ... Gedanken." Ich nickte.

„Ich machte mir Sorgen, dass ich schlecht war, dass ich böse war."

„Okay."

„Ich meine es ernst." Tränen füllten seine Augen. „Schlechte Menschen wissen nicht, dass sie schlecht sind, wenn sie Kinder sind. Sie essen Süßigkeiten, sitzen auf dem Schoß des Weihnachtsmanns und spielen mit ihren Freunden wie alle anderen. Dann werden sie erwachsen und tun etwas Verrücktes. Ich habe immer wieder darüber nachgedacht. Dann fing ich an, diese kleine Stimme wie eine Warnung zu hören. Ich spielte nach der Schule mit einem Freund und die Stimme sagte so etwas wie: ‚Sei vorsichtig, du wirst ihn verletzen! Pass auf, du bist gefährlich!'"

Ich schaute auf den Dämon, dann auf die Maske, die er über den Kopf meines Freundes zu ziehen versuchte.

„Du musst es mir sagen." Er wischte sich die Tränen vom Gesicht. „Du musst mir sagen, ob es einen Dämon gibt, der mich böse macht."

„Pass mal auf!", sagte ich und sah ihm in die Augen. „Du bist nicht böse."

„Aber ..."

„Du bist nicht böse", sagte ich und unterbrach ihn. „Kein Dämon kann dich böse machen. Nichts kann dich böse machen." Dann beschrieb ich, wie der Dämon aussah und was er tat. „Es ist eine Maske, die so aussieht wie er. Es versucht, dich davon zu überzeugen, dass du so bist wie er. Er versucht, seine Identität auf dich zu übertragen. Eines der wichtigsten Dinge, die Dämonen versuchen, ist, Menschen dazu zu bringen, sich mit einer Natur zu verbinden, die gar nicht die ihre ist. Sie lassen vielleicht einen ekelhaften Gedanken auf dich los, geben dir einen seltsamen Traum oder sagen dir, dass du böse bist. Aber du hast immer die Wahl, was du mit diesen Gedanken machst."

Mein Freund starrte an mir vorbei, hielt einen langen Moment inne, bevor er sagte: „Also ist es ein Trick?"

„Ein Trick", wiederholte ich, „um dir Angst zu machen oder, schlimmer noch, um dich dazu zu bringen, es zu glauben und entsprechend zu handeln. Es ist nur eine Lüge, schlicht und einfach."

*****

Es mag zunächst überflüssig erscheinen, Lügen als eine eigene, ausgeprägte Taktik der Dämonen anzuführen. Alle Taktiken in diesem Buch gründen auf Täuschung. Dämonen lügen die ganze Zeit. Das ist eben, was sie tun. Wenn etwas, was du tust, schlecht läuft, sagt der Feind: „Du bist ein Versager." Wenn jemand unfreundlich zu dir ist, sagt der Feind: „Er mag dich nicht" oder: „Keiner mag dich." Viele Lügen bauen zwar auf einer Wahrheit auf; sie übertreiben sie aber oder stellen sie falsch dar. Ich habe dieses Kapitel hinzugefügt, weil es wichtig ist zu wissen, dass viele Lügen zwar ein Körnchen Wahrheit enthalten, aber ebenso oft komplette Erfindungen sind, die keinerlei Wahrheit enthalten.

Mein Freund hatte angefangen, die Lüge zu glauben, er sei böse. So etwas kommt einem vielleicht wie eine lächerliche Lüge vor – jedenfalls ging es mir damals so –, aber für ihn fühlte es sich nur allzu real an. Der Feind hatte Beweismaterial dafür gesammelt, indem er jeden gottlosen Gedanken und jeden Moment sündigen Versagens zum Anlass nahm, etwas zu beweisen, was völlig falsch war, nämlich die Vorstellung, mein Freund habe keine andere Wahl, als böse zu sein. Am Anfang schien die Lüge offensichtlich zu sein, aber die Körnchen der Wahrheit darin ließen sie immer realer erscheinen.

Wenn also einige Lügen Körnchen der Wahrheit enthalten und einige lediglich totale Erfindungen sind, wie erkennen wir dann den Unterschied? Es ist sehr schwierig, diese Art von Lügen zu unterscheiden, aber zum Glück müssen wir das überhaupt nicht tun. Die Suche nach der Wahrheit in den Lügen des Feindes ist wie der Versuch, einen Pfennig am Boden eines Fasses voller Glasscherben zu finden. Das ist schmerzhaft und lohnt sich nicht. Es spielt keine Rolle, ob eine Lüge auf einer Wahrheit basiert, ein Körnchen Wahrheit hat oder zu 99 Prozent wahr ist; wenn sie vom Feind kommt, dann wird sie dir nicht helfen.

> *Erforsche mich, Gott, und erkenne mein Herz. Prüfe mich und erkenne meine Gedanken! Und sieh, ob ein Weg der Mühsal bei mir ist, und leite mich auf dem ewigen Weg!* (Ps 139,23-24).

Gott ist der Einzige, der uns die Wahrheit offenbaren kann. Er ist der einzige, der hilfreiche Einblicke in unsere Schwächen, Fehler und Mängel geben kann. Gottes Korrektur ist voller Güte und Liebe; sie bringt keine Verdammnis mit sich, sondern gibt uns Kraft zum Wachsen. Gott wird uns die Wahrheit durch sein geschriebenes Wort, seine Stimme und unsere Beziehungen zu seinen Kindern bringen. Wir müssen nicht in den Lügen des Feindes wühlen, um die Wahrheit zu finden; unser Vater ist der Urheber aller Wahrheit.

Anzeichen dafür, dass du dieser Taktik ausgesetzt sein könntest

1. Gedanken der Verdammnis gehören regelmäßig zu deinem internen Dialog.
2. Es fällt dir leicht, Zyklen des Versagens in deinem Leben zu finden, aber nicht leicht zu erkennen, wie man aus ihnen herauskommt.
3. Du glaubst, dass mit dir etwas grundlegend falsch ist.

Ressourcen

Die folgenden Ressourcen könnten für dich hilfreich sein, wenn du dieser Taktik ausgesetzt bist:

- *Eine Frage der Ehre* von Kris Vallotton und Bill Johnson
- *The Supernatural Power of a Transformed Mind* von Bill Johnson

Kapitel 10

Die Quintessenz

Siehe, ich habe euch die Macht gegeben, auf Schlangen und Skorpione zu treten, und über die ganze Kraft des Feindes, und nichts soll euch schaden. Doch darüber freut euch nicht, dass euch die Geister untertan sind; freut euch aber, dass eure Namen in den Himmeln angeschrieben sind!

Lukas 10,19-20

Du hast vielleicht bemerkt, dass viele dieser Taktiken und Fallen damit zu tun haben, dass der Feind Dinge missbraucht, die an sich nicht schlecht sind. Scham ist nur eine verdrehte Version von Schuld und Verlegenheit, also Emotionen, die uns helfen sollen zu erkennen, wann wir unsere Werte missachten oder uns anderen gegenüber nicht so geben, wie wir es gerne hätten. Brillen sind nur die Kurzschrift, die wir in unserem Kopf erschaffen, damit wir eine klarere Sicht davon haben, was wir von der Welt erwarten können. Sie werden zum Problem, wenn der Feind uns dahingehend täuscht, dass unsere Brillen ein falsches Bild von der Wirklichkeit erzeugen. Eine gesunde Angst soll uns davon abhalten, Lebensmittel zu essen, die uns krank machen könnten, oder uns dazu anhalten, sicher zu fahren, oder uns zu guten Beschützern unserer Kinder machen. Sie wird zu einem Problem, wenn der Feind Angst benutzt, um uns zu quälen oder zu lähmen.

Es ist wichtig, uns daran zu erinnern, dass der Feind besiegt worden ist. Jesus hat am Kreuz den absoluten Sieg errungen. Der

Krieg ist gewonnen. Das Licht muss nicht darum kämpfen, die Finsternis zu vertreiben. Aus diesem Grund muss der Feind Sabotage-, Manipulations- und Täuschungstaktiken anwenden. Das sind Guerillataktiken, heimliche Angriffe, die darauf abzielen, unsere eigene Stärke gegen uns selbst zu wenden.

Es ist zwar hilfreich, sich bewusst zu sein, wie diese Taktiken beschaffen sind (sonst hätte ich diesen Abschnitt ausgelassen), aber es ist kontraproduktiv, sich zu sehr auf sie zu konzentrieren und zu viel Zeit damit zu verbringen, in unserem Leben zu graben und nach Anzeichen für sie zu suchen. Wenn wir zu introspektiv in Bezug darauf werden, ob unsere Gedanken, Gefühle oder Ängste unsere eigenen sind oder die Folge eines Angriffs, kann dies selbst ein Angriff sein, der uns dazu verleiten will, dass wir bis zur Erschöpfung mit uns selbst Schattenboxen betreiben. Was sollen wir also tun?

Ein befreundeter Bankangestellter sagte mir einmal, dass sich Banker im Allgemeinen nicht damit beschäftigen, gefälschte Scheine zu studieren. Die Methoden, die die Fälscher anwenden, sind umfangreich, vielfältig und ändern sich ständig. Anstatt zu versuchen, mit den sich ständig weiterentwickelten Fälschungsmethoden Schritt zu halten, studieren die Banker stattdessen authentische Scheine ganz genau. Sie machen sich vertraut mit der Beschaffenheit, der Form und der Haptik von alten und neuen Geldscheinen und allem dazwischen. Sie sind mit den echten Geldscheinen so vertraut, dass sie alles, was von diesem Standard abweicht, sofort erkennen. Sie können vielleicht nicht genau beschreiben, wie der Geldschein gefälscht wurde, aber seine Unechtheit ist für sie schon bei der ersten Berührung offensichtlich.

Wirkliche Freiheit von den Angriffen des Feindes folgt nicht aus der Vertrautheit mit seiner Taktik, sondern aus der Vertrautheit mit Gott, seinem Wesen und seinen Wegen. Gott zu kennen, macht uns unzerstörbar.

TEIL III

Unzerstörbar werden

In allem sind wir bedrängt, aber nicht erdrückt; keinen Ausweg sehend, aber nicht ohne Ausweg; verfolgt, aber nicht verlassen; niedergeworfen, aber nicht vernichtet …

2. Korinther 4,8-9

Das Licht muss nicht darum kämpfen, die Finsternis zu vertreiben. Jesus hat bereits den absoluten Sieg errungen. Wenn das wahr ist, warum fühlen sich dann so viele Menschen, selbst Christen, als stünden sie in einem aussichtslosen Kampf? Wenn das Vertreiben der Finsternis so einfach ist wie das Einschalten des Lichts, warum fühlt es sich dann nicht immer so einfach an?

Als er aber die Zwölf zusammengerufen hatte, gab er ihnen Kraft und Vollmacht über alle Dämonen und zur Heilung von Krankheiten (Lk 9,1).

Jesus gab seinen Jüngern die Macht und Autorität, Dämonen auszutreiben – die Fähigkeit und das Recht, das Dämonische zu beseitigen. Nach seiner Auferstehung beauftragte Jesus sie, weitere Jünger zu machen und diese Macht und Autorität in noch mehr Hände zu legen.

> *Und Jesus trat zu ihnen und redete mit ihnen und sprach: Mir ist alle Macht gegeben im Himmel und auf Erden. Geht nun hin und macht alle Nationen zu Jüngern, und tauft sie auf den Namen des Vaters und des Sohnes und des Heiligen Geistes* (Mt 28,18-19).

Wenn diese Autorität und Macht allen Jüngern Jesu zur Verfügung steht, warum fühlen sich dann so viele Christen machtlos?

*****

Vor einigen Jahren stellte ich in meinem Garten ein Kinder-Planschbecken auf. Es war weniger als 30 cm tief, aber eine lustige und einfache Möglichkeit, meinen Kleinkindern zu helfen, die Hitze des Sommers besser zu überstehen.

Wir spielten draußen bis zum späten Nachmittag und rannten dann schnell hinein, um etwas zu essen. Das ganze Herumplantschen hatte bei meinen Kindern einen ungeheuren Appetit entfacht. Ich wusste, dass es zu dieser Jahreszeit keine gute Idee war, das Wasser stehen zu lassen. Aber meine Kinder hatten immer gieriger um Essen gebeten, sodass ich mir vornahm, das Wasser später abzulassen.

Als ich am nächsten Morgen aufwachte und das Frühstück machte, sah ich durch das Fenster das kleine violette und weiße Plastikbecken. Ich ärgerte mich darüber, dass ich es am Tag zuvor nicht einfach ausgekippt hatte, und beschloss, noch das Ende des Frühstücks abzuwarten, um mich danach darum zu kümmern. Schließlich war ich noch nicht ganz wach.

Am nächsten Morgen sah ich den Pool wieder und schüttelte den Kopf über mich, weil ich wusste, dass ich ihn jetzt einfach auskippen sollte, um es nicht zu vergessen. Allerdings hatte es die ganze Nacht geregnet, und das Gras war ganz nass und klebrig.

Ich hätte Schuhe anziehen müssen, und wer will das schon tun, bevor er eine Tasse Kaffee getrunken hat?

Weitere Tage vergingen, an denen der Pool in meinem Garten immer noch voll war, und ich könnte jetzt all die Ausreden anführen, warum ich nicht einfach rausging und ihn umkippte, aber das ist mir jetzt zu peinlich. Es genügt zu erzählen, dass ich irgendwann aus dem Fenster schaute und sah, dass das Wasser einen ekligen Braunton angenommen hatte. Ich ging schnell hinaus, um das Ausmaß des Schadens zu sehen, den mein Zögern verursacht hatte.

Ich musste fast würgen, als ich Hunderte von Stechmückenlarven sah, die zuckend in unregelmäßigen Kreisen schwammen, wobei ein flockiger brauner Schleim den Hintergrund ihres abscheulichen Balletts bildete. Angewidert von dem, was ich sah, und frustriert darüber, dass ich es leicht hätte verhindern können, stürmte ich in das Haus und in die Waschküche. Ich schnappte mir eine Flasche Bleichmittel aus dem Regal und stapfte zurück zu dem kleine Becken. Ich kippte den Inhalt in das schmutzige Wasser und beobachtete, wie die kleinen Larven aufhörten zu zucken.

Als mein Eifer nachließ, sah ich mir die nun leere Flasche in meiner Hand an. So effektiv mein Plan auch war, hatte ich nun ein neues Problem: ein Becken voller Bleichmittel. Ich dachte, dass Bleichwasser wahrscheinlich nicht das Beste für Gras ist, und merkte, dass ich zu spät zur Arbeit kommen würde, wenn ich mich nicht bald fertig machen würde. Deshalb erzählte ich April, was ich getan hatte, und bat sie, die Kinder nicht im Pool spielen zu lassen. Ich wollte erst noch herausfinden, wie ich den Schlamassel in Ordnung bringen konnte, sobald ich nach Hause käme.

Es vergingen noch ein paar Tage. Jeden Morgen sah ich den Pool durch das Fenster, und jeden Morgen fand ich einen guten Grund, mich später um das Problem zu kümmern. Weitere Tage vergingen und dann noch einige.

Eines Morgens wachte ich auf und schaute aus dem Fenster. Ich sah den gleichen ekligen Braunton in dem kleinen Schwimmbecken. Verwirrt und bestürzt ging ich zu ihm hin und fand ihn voller Mückenlarven. Die Bleichchemikalien hatten sich im Laufe der Zeit abgebaut, sodass die Mücken im Wasser wieder brüten konnten.

Ich kippte das ganze Wasser in einem großen Schwung aus und ging dann ins Haus, um etwas Flüssigseife und einen Schwamm zu holen.

So dumm die Geschichte auch ist, finde ich sie doch ein fantastisches Gleichnis dafür, wie das Dämonische und Autorität im Kern funktionieren. Ich hatte alle Macht und Autorität, die ich brauchte, um sofort jede einzelne dieser Mückenlarven zu erledigen: die Flasche mit dem Bleichmittel. Ich nutzte diese Macht. Es tötete jede Mücke. Aber ich habe das Umfeld nicht verändert, das es ihnen ermöglichte, dort zu gedeihen. Das bedeutete, dass die Mücken bald wieder zurückkamen.

Persönliche geistliche Kampfführung ist keine Frage von Autorität und Macht. Du hast die Autorität. Du hast die Macht. Jesus hat am Kreuz beides für dich erworben. Persönliche geistliche Kampfführung ist eine Frage des Umfelds – nicht des Umfelds, in dem man lebt, sondern dem, das in einem ist.

Dämonen sind selten die Ursache unserer Probleme. Sie sind die Stechmücken, die von stehendem Wasser angezogen werden, die Fliegen, die von offenen Wunden angelockt werden. Alle ihre Taktiken und Fallen, die ich im vorigen Teil aufgelistet habe, sind völlig nutzlos, wenn sie nirgends Wurzeln schlagen und wachsen können, wenn es kein geeignetes Umfeld für sie gibt.

Finsternis kann das Licht nicht überwinden, aber das muss sie auch nicht, wenn wir vergessen, das Licht einzuschalten.

In den folgenden Kapiteln geht es darum, wie wir lernen können, mit eingeschaltetem Licht zu leben, wie wir ein inneres Umfeld aufbauen können, das unempfänglich für die Komplotte, Pläne und Lügen des Feindes ist. Diese Kapitel stellen die effektivsten und nachhaltigsten Formen der geistlichen Kampfführung dar, die ich kenne. Sie führen die Faktoren auf, die ich am häufigsten im Leben derer gesehen habe, die frei von dämonischen Angriffen leben. Diese Dinge sind es, die zu einem Leben führen, das den Sieg Jesu manifestiert, die Dinge, die Menschen unzerstörbar machen.

KAPITEL 11

Vertrautheit mit Gott

Dies aber ist das ewige Leben, dass sie dich, den allein wahren Gott, und den du gesandt hast, Jesus Christus, erkennen.

Johannes 17,3

Ich gehe schon seit ich mich erinnern kann, in die Kirche. Ich war in Tausenden von Gottesdiensten und habe Tausende von Predigten gehört. Ich habe in fast allen Bereichen der Kirche gedient, vom Parkplatz bis zur Kanzel. Lange Zeit dachte ich, ein guter Christ zu sein bedeutete, so viel wie möglich zur Kirche zu gehen, so viel wie möglich die Bibel zu lesen, so viel wie möglich zu beten und so enthusiastisch wie möglich anzubeten, und gleichzeitig zu versuchen, so wenig wie möglich zu sündigen. Mir ist jetzt klar, dass ich gleichzeitig Unrecht und Recht hatte.

Die Beziehung zu Gott ist die Substanz des Christseins. Sie ist die Grundlage aller Spiritualität. Sie ist der Grund für Jesu Opfer, der Höhepunkt des Evangeliums, das Fundament deines Lebens.

Alles, was du tust, denkst, erlebst und glaubst, beruht auf der Qualität dieser Beziehung. Zu wissen, welche Art von Beziehung Gott sich wünscht, zu verstehen, welches die Rahmenbedingungen dieser Beziehung sind, und zu wissen, mit welcher Art von Person du eine Beziehung eingehst, sind wesentliche Bestandteile, um das Beste aus dieser Beziehung herauszuholen.

Ich bin jetzt seit fast zwölf Jahren verheiratet, und meine Beziehung zu meiner Frau ist mir immer noch ein unergründliches

Rätsel. Jeden Tag lerne ich mehr darüber, wer sie ist und wie ich sie lieben kann. Ich lerne immer noch, wie ich mit ihr leben kann, wie ich mich mehr mit ihr verbinden kann und wie ich mit ihr eine herrliche Zukunft aufbauen kann.

Die Bibel verwendet mehrmals das Bild der Ehe, um die Beziehung zwischen Gott und den Menschen zu veranschaulichen. Ich mag das, weil es die Vertrautheit, das Geheimnis und den Verlauf einer Beziehung zu Gott so gut veranschaulicht. Wir entdecken immer mehr davon, wer er ist, mehr davon, wie sehr er uns liebt, und mehr davon, wie wir ihn lieben können.

Ich dachte immer, je mehr ich die Bibel lese, je mehr ich bete und je mehr ich anbete, ein desto besserer Christ wäre ich. Das ist richtig und falsch. Ich dachte immer, je mehr ich meine Frau kennenlernte, je mehr wir miteinander redeten und je mehr Zeit wir miteinander verbringen würden, desto enger und tiefer würde unsere Beziehung werden. Auch das ist richtig und falsch.

Aber Zeit miteinander zu verbringen, führt mich und meine Frau nicht automatisch näher zusammen. Wenn ich nämlich mit ihr ausgehe, weil ich „es tun sollte" oder weil ich glaube, dass sie sonst sauer auf mich ist, dann wird diese gemeinsame Zeit eher zu Ressentiments als zu einer Verbundenheit führen. Wenn ich Zeit mit ihr verbringe, entsteht nur dann Vertrautheit, wenn ich es mit der Absicht tue, Vertrautheit zu entwickeln.

Dasselbe gilt für unsere Beziehung zu Gott. Ich habe viele Freunde, die eine Menge Ressentiments aufgebaut haben, weil ihre Eltern sie gezwungen haben, in die Kirche zu gehen oder die Bibel zu lesen. Ich habe viele andere Freunde, die in die Kirche gehen und die Bibel aus Angst oder Verpflichtung lesen. Sie bemühen sich, die Anforderungen des Christseins zu erfüllen.

Ich spreche all dies an, weil die Grundlagen für den Aufbau einer Beziehung zu Gott – genauso wie die Grundlagen für den Aufbau einer Ehe –, einfach und bekannt sind. Aber genau wie bei der Ehe möchte ich nicht, dass die Einfachheit und Bekanntheit dieser Grundlagen dazu führt, dass du die Macht, die Freiheit, die Vertrautheit und den Spaß, die du durch sie finden kannst, verlierst.

Nichts ist in diesem Leben wichtiger als deine Beziehung zu Gott. Ich führe nun einige grundlegende Möglichkeiten an, wie wir diese Beziehung pflegen können, und eine Momentaufnahme der Dinge, die im Geist geschehen, wenn wir dies tun.

Das Wort

Vor einigen Jahren ging ich an einem Freitag spätnachmittags in ein Café, in der Hoffnung, die letzten Seiten meines ersten Buches beenden zu können. Mein erster Sohn war gerade geboren worden, sodass es immer schwieriger wurde, Zeit zum Schreiben zu finden. Ich war froh, endlich Zeit haben und mich hinsetzen und konzentrieren zu können. Ich holte mir eine Tasse Kaffee und suchte nach einem guten Platz. Meine Suche wurde durch das Winken eines Freundes aus der Gemeinde, der in der Mitte des Raumes saß, unterbrochen. Ich winkte mit einem „Ich-freue-mich-dich-zu-sehen-aber-ich-habe-viel-zu-tun-und-bin-deshalb-nicht-zu-sprechen-Ausdruck" zurück, während ich mich schnell auf einen freien Platz setzte.

Als ich mich dort eingerichtet hatte, schaute ich zu meinem Freund hin, um mich zu vergewissern, dass ich seine Gefühle nicht verletzt hatte. Er hatte eine offene Bibel und mehrere Notizbücher vor sich und hatte bereits wieder begonnen, in eines davon zu schreiben. Ich ließ einen Seufzer der Erleichterung heraus, öffnete meinen Laptop und begann zu schreiben.

Nach ein paar Sätzen veranlasste mich ein helles Licht, dass ich vom Monitor hochblickte. Wie ich bereits gesagt habe, ist das Sehen im Geist ein Teil meines Lebens, solange ich mich erinnern kann, sodass ich durch die Dinge, die ich sehe, normalerweise nicht abgelenkt werde. Wenn ich mich nicht auf sie konzentriere, fügen sich geistliche Dinge in mein Blickfeld ein wie Gesichter in einer Menschenmenge oder Möbel in einem vertrauten Raum. Sie sind einfach ein Teil des Hintergrundes. So war ich überrascht, als ich aufblickte, dass ich um meinen Freund herum eine wirbelnde Farbe sah, die so hell war, dass es mir in den Augen wehtat, wenn ich ihn ansah.

Zuerst dachte ich, es sei nur eine unscharfe Wolke aus flüssigem Licht, aber je mehr sich meine Augen an seine Helligkeit anpassten, desto mehr Details konnte ich sehen. Bänder aus bewegten Bildern, wie Filmstreifen, die alle verschiedene Teile desselben Films abspielten, wirbelten in großen, sich drehenden Zöpfen auf und um den Kopf meines Freundes. Von den Bändern fielen schwere, bunte Wassertropfen, wie Regen, der durch den Stoff eines Zeltes sickert. Die Tropfen landeten auf seinem Kopf und formten sich zu dreidimensionalen Versionen der Bilder auf dem Band.

Gefangen genommen von der abstrakten Schönheit der Szene saß ich einen Moment lang da und beobachtete schweigend das farbenfrohe, kaskadenförmige Licht. Doch bald überkam mich meine Neugierde und ich ging hin und fragte meinen Freund, was er da mache.

„Oh, ich mache nur ein kleines Ein-Mann-Bibelstudium", sagte er lächelnd.

„Was studierst du?", fragte ich, wobei ich eher auf das schaute, was im Geist geschah, als auf ihn – etwas, das ich normalerweise vermeide.

„Nur die Gleichnisse Jesu. Sie alle noch einmal durchzulesen und zu versuchen, die Bilder besser zu verstehen, so, wie sein Publikum sie verstanden hätte und all das."

Ich schaute nach unten, und zum ersten Mal erkannte ich, dass die ganzen Bänder aus seiner Bibel herausflossen, und zwar in einem gewaltigen Strom, als wäre die Oberfläche der Seiten ein offener Feuerhydrant. Er floss über den Tisch, auf den Boden und dann in einem Bogen über den Kopf meines Freundes.

Ich wusste, wie sehr mein Freund die Bibel liebte. Er hatte ein theologisches Seminar absolviert und im Laufe der Jahre mehrere Bibelkurse gehalten. Am Rand seiner offenen Bibel konnte ich Dutzende von Notizen und Anmerkungen sehen, Zeichen seiner lebenslangen Hingabe an das Wort.

Ohne darüber nachzudenken, warum, öffnete ich plötzlich meinen Mund und sagte: „Würdest du für mich beten?

„Klar", sagte er mit einem weiteren Lächeln. „Warum?"

„Ich finde es einfach toll, wie sehr du die Bibel liebst, und ich möchte sie noch mehr lieben."

Er legte seine Hand auf meinen Arm und betete ein kurzes Gebet. Sofort teilte sich der kaskadierende Strom von flüssigem Licht wie die Gabelung eines Flusses und begann, meinen Arm hinaufzulaufen. Die Lichtbänder drehten sich um meinen Unterarm und liefen meinen Ellenbogen hinauf, auf meine Schulter und dann über meinen Kopf, wobei sie überall, wo sie mich berührten, ein kühles Gefühl hinterließen.

Mein Freund beendete sein Gebet, das nur wenige Augenblicke gedauert hatte. Ich dankte ihm, unterhielt mich kurz mit ihm und kehrte dann an meinen Platz zurück. Das kühle Gefühl verblasste, als ich ging. Nachdem ich mich gesetzt und meinen Computer geöffnet hatte, kam ich mir ein wenig albern vor, unsicher darüber, dass ich mit meiner Bitte um Gebet so herausgeplatzt war. Da der Impuls, der mich zum Sprechen veranlasst hatte, nun weg war, fiel es mir schwer, mich zu erinnern, warum ich überhaupt das Bedürfnis zu fragen verspürt hatte. Ich hatte doch mein ganzes Leben lang die Bibel gelesen und lese sie immer noch regelmäßig. Warum habe ich ihn dann gebeten, für mich zu beten?

„Versuche es!"

Ich hörte die stille, kleine Stimme des Heiligen Geistes im Hinterkopf widerhallen. „Und pass auf, was passiert!"

„Versuchen, die Bibel zu lesen?", fragte ich in Gedanken.

„Probiere es aus!"

Ich hatte keine Bibel mitgebracht, also loggte ich mich in das WLAN des Coffeeshops ein und suchte und fand eine Online-Bibel. Das erste Buch Mose schien ein genauso passender Ausgangspunkt zu sein wie jeder andere, also klickte ich es an und begann, Abschnitte zu lesen, die ich schon x-mal gelesen hatte.

Ich las die Schöpfungsgeschichte durch, dann die Geschichten über den Sündenfall, über Kain und Abel und über Noah. Ich fuhr mit den Geschichten von Abraham, Lot, Sarah, Isaak, Jakob und Esau fort. Ich schaffte es bis zur Mitte der Geschichte von Joseph, als mir jemand auf die Schulter klopfte.

„Tut mir leid, wir schließen in zwei Minuten."

Ich sah mich im Raum um und war ganz schockiert, dass er leer war. Die Hälfte der Stühle war bereits auf die Tische gestapelt, und draußen war es dunkel. Ich murmelte eine Entschuldigung und packte meine Sachen in meine Tasche. Als ich meinen Laptop zuklappte, schaute ich auf die Zeit; es war fast 22 Uhr. Ich hatte sechs Stunden lang gelesen.

*****

Die Bibel ist kein Buch. Es handelt sich bei ihr weder um ein Dokument, noch um eine Dokumentation oder eine Reihe von Anweisungen. Sie ist mehr. Du kannst sie wie ein Buch lesen, sie wie ein Dokument durchsehen, sie wie eine Dokumentation studieren oder sie wie eine Reihe von Anweisungen befolgen, und du wirst Gutes daraus ziehen. Aber sie hat mehr zu bieten.

Seit meiner Kindheit liebe ich es zu schreiben. Als ich in der High School war, hatte ich bereits Dutzende von Büchern über das Schreiben gelesen. Sie alle hatten unterschiedliche Tipps, Tricks, Schlüssel und Meinungen, wie man sein Schreiben verbessern kann, aber ein Ratschlag stand in jedem Buch: Wenn du dich als Schriftsteller verbessern willst, musst du viel lesen und viel schreiben. So einfach ist das. Genauso glaube ich, dass man, wenn man seine Beziehung zu Gott verbessern will, die Bibel viel lesen muss.

Obwohl Lesen und Schreiben einen nicht automatisch zu einem großen Schriftsteller machen, wird man ohne Lesen und Schreiben kein großer Schriftsteller werden. Das Lesen der Bibel wird einen nicht automatisch näher zu Gott bringen, aber ich glaube nicht, dass man ohne sie eine wirklich vertraute Beziehung zu ihm haben kann.

Jedes Mal, wenn jemand die Bibel liest, geschieht etwas im Geist. Ich habe beobachtet, wie Wellen von heilendem Wasser aus ihren Seiten herausflossen, als ein Pastor Bibelverse über Heilung in einer Versammlung las. Ich habe beobachtet, wie die Proklamation der Schrift Engel freisetzte, die durch einen Raum schwebten und den Menschen Ketten von den Handgelenken stießen. Ich habe beobachtet, wie ein einziger Vers alle Dämonen im Umkreis von einer Meile in die Flucht schlug. Ich habe beobachtet, wie sich aus Zerbrochenheit und Asche Hoffnungen, Träume und Zukunftspläne formten, als ein junger Mann in der Ecke eines Buchladens sich leise die Bibel vorlas. Jeder Winkel der geistlichen Welt reagiert auf das Wort Gottes.

Zu wissen, was Gott gesagt hat, ist der erste Schritt, um unzerstörbar zu werden. Wenn wir nicht wissen, was Gott gesagt hat, dann sind wir viel leichter von dem beeinflusst, was der Feind sagt. Die Wahrheit zu kennen, befähigt uns, eine Lüge zu erkennen.

Es ist wichtig, dass wir unsere Herzen schützen, wenn wir ernst nehmen, dass das Bibellesen wesentlich und notwendig ist. Denn es kann leicht dazu führen, dass man das Wort Gottes aus Verpflichtung statt aus Leidenschaft studiert. Wenn es dir so geht, dann lasse nicht zu, dass du in die Falle der Scham gerätst, die dein Problem noch verschlimmert. Alle Beziehungen haben Ebbe und Flut, Berge und Täler, selbst deine Beziehung zu Gott. Wie gut deine Beziehung zu Gott ist, hat nichts damit zu tun, ob du mehr Berge oder Täler hast, sondern damit, was du tust, wenn du dich im Tal befindest.

Findest du das Lesen der Bibel langweilig und fade, dann gib dem Wiederaufleben deiner Leidenschaft für Gottes Wort eine höhere Priorität als der Anzahl der Verse, die du an einem Tag liest. Suche Menschen, die sich für die Bibel begeistern, und lasse sie für dich beten. Höre dir Predigten von Leuten an, die eine starke Beziehung zum Wort haben. Lies, bis du einen Vers gefunden hast, der dich anspricht, dann halte inne und bewege ihn für den Rest des Tages in deinen Gedanken. Das Wort Gottes ist eine lebendige Sache. Du wirst nicht lange suchen müssen, um das Leben darin zu finden.

Die folgenden Ressourcen können dir helfen, in diesem Bereich zu wachsen:

- *How to Read the Bible for All Its Worth* von Gordon D. Fee und Douglas Stuart
- *Grasping God's Word* von J. Scott Duvall und J. Daniel Hays

Gebet

In unserer Gemeinde, *Bethel Atlanta,* bieten wir nach jedem Gottesdienst Gebet an. Dies ist eine gute Gelegenheit für unser Gebetsteam, um für Kranke zu beten, für Menschen, die eine schwierige Zeit durchmachen, oder für Menschen, die einfach nur eine Berührung vom Herrn wollen.

Als eines Sonntags der Gottesdienst gerade zu Ende ging, hatte ich plötzlich den Impuls, mich dem Gebetsteam anzuschließen und für Menschen zu beten. Es war schon eine Weile her, dass ich so gedient hatte.

Nach ein paar Minuten kam eine Frau Mitte fünfzig zu mir und stellte sich vor mich hin. Ich stellte mich vor und fragte, wofür ich beten könne.

„Also, mein Leben ist im Grunde eine Katastrophe", sagte die Frau ausdruckslos.

„Okay", sagte ich und hielt einen Moment inne, um zu sehen, ob sie vielleicht nur einen Scherz machte. Es war nicht so.

„Meine Kinder hassen mich. Mein Mann will nicht mit mir reden. Ich habe Arthritis in beiden Knien und in der rechten Hand, und ich habe gerade meinen Job verloren."

„Oh", sagte ich, unsicher, wie ich reagieren sollte. „Das ist ziemlich schlimm."

„Ja."

„Also, möchten Sie, dass ich jetzt einfach für all das bete?"

„Klar", sagte sie mit noch ausdrucksloserer Stimme. „Ich habe dafür gebetet, so viel ich kann, aber Gott hat noch nichts getan. Vielleicht hört er auf Sie."

Ich wusste, dass meine Gebete nicht spezieller waren als ihre, wollte aber nicht darüber streiten. Nachdem ich sie um Erlaubnis gebeten hatte, legte ich meine Hand auf ihre Schulter und sprach ein kurzes Gebet.

Ich sah, dass sich drei Engel hinter ihr versammelten, während ich betete. Jeder hatte einen großen Leinenbeutel über die Schulter geschlungen. Ich fragte mich, was sie in den Beuteln hatten, als einer der Engel die Schnur oben an dem Beutel löste und Hunderte von frankierten Umschlägen zum Vorschein kamen.

Sie waren alle unterschiedlich groß und geformt. Einige waren ganz weiß, andere waren etwas vergilbt. Aber alle hatten in einer Ecke den gleichen kleinen roten Stempel, auf dem stand: „Nicht zugestellt."

Ich beendete mein Gebet und schaute die Frau an. Ihr Gesichtsausdruck hatte sich nicht verändert. „Sie sagten also, dass Sie bereits für all das gebetet haben, richtig?"

„Mhm", sagte sie.

„Wie beten Sie? Was sagen Sie, wenn Sie das tun?"

„Ich bitte Gott einfach darum, das Problem zu lösen."

„Und bekommen Sie eine Antwort?"

„Nein, das Problem ist ja immer noch da."

Ich schaute mir noch einmal die Säcke mit den nicht zugestellten Briefen an. „Ich sehe drei Engel mit großen Säcken nicht zugestellter Post hinter Ihnen stehen. Ich glaube, es bedeutet, dass Gott Ihnen viel zu sagen hat, aber dass es nicht durchgekommen ist. Haben Sie jemals gelernt, Gottes Stimme zu hören?"

„Ich glaube nicht, nein."

Ich fuhr fort, eine kurze Beschreibung der verschiedenen Arten, wie Gott spricht, zu geben. Dass er nicht immer in einfachem Englisch spricht und oft durch Visionen, seine leise Stimme und Eindrücke. Dass er sehr kreativ ist, wie er zu uns spricht.

„Ich frage mich, ob Sie sich bei allem, was in Ihrem Leben geschieht, so machtlos fühlen, weil Sie noch nicht gehört haben, was Gott darüber zu sagen hat", fuhr ich fort. „Möchten Sie versuchen, ihn jetzt zu hören?"

„Also jetzt sofort?"

„Ja", sagte ich. „Fragen wir Gott doch einmal, was er über Ihre Arbeitssituation zu sagen hat."

„Okay."

Ich legte wieder meine Hand auf ihre Schulter und betete: „Gott, was hast du über ihre Arbeit zu sagen?"

Einer der Engel griff in den Leinenbeutel auf seiner Schulter und zog einen kleinen Brief heraus. Während ich betete, öffnete er den Umschlag und zog ein einzelnes Blatt Papier heraus, das vorne und hinten mit goldener Handschrift beschrieben war. Bevor ich eines der Worte lesen konnte, kippte der Engel den Brief über den Kopf der Frau, als würde er einen Wasserkrug statt eines Blattes Papier halten. Die Wörter und Sätze auf den Seiten fielen vom Rand und verwandelten sich in feinen goldenen Staub, als sie nach unten schwebten und auf dem Kopf der Frau landeten.

„Haben Sie gerade etwas gehört?"

Sie war einen langen Moment lang still, bevor sie sagte: „Nein, ich habe nichts gehört. Aber kurz bevor Sie fragten, kam plötzlich dieses Gefühl des Friedens über mich.

„Das ist toll!"

„Es ist schön", sagte sie, „aber was bedeutet das? Bedeutet es, dass ich einen neuen Job bekommen werde? Bedeutet es, dass Gott nicht besorgt ist, dass ich meinen Job verliere? Bedeutet es, dass ich mich in Bezug auf all das hier einfach mal ausruhen muss?"

Ich lachte. „Es bedeutet, dass Gott ihnen Frieden zukommen lässt, das ist alles. Wenn er mehr dazu zu sagen hat, dann wird er Ihnen mehr geben."

„Was ist mit meinem Mann?", sagte sie, wobei ihre Stimme zum ersten Mal in unserem Gespräch einen Hauch von Emotion ausstrahlte. „Können wir Gott danach fragen?"

„Natürlich."

Wir beteten wieder, und wieder sah ich, wie einer der Engel einen Umschlag aus einem der Leinensäcke herausholte. Der Engel zog eine weitere mit goldener Tinte geschriebene Notiz aus dem neuen Umschlag, aber diesmal legte der Engel die Notiz oben auf den Kopf der Frau, anstatt sie umzukippen.

„Haben Sie etwas anderes gehört oder gefühlt?", fragte ich.

„Mir schoss dieses Bild einfach in den Kopf, wie eine Erinnerung, die ich vorher nicht hatte." Plötzlich rannen ihr die Tränen übers Gesicht. „Es sind ich und mein Mann. Wir reden und lachen wie bei unserem ersten Treffen, aber wir sehen so aus wie jetzt."

„Das ist schön."

„Aber was bedeutet es?", fragte sie, während immer noch ihre Tränen flossen.

„Ich denke, es ist eine Verheißung. Ich glaube, er zeigt Ihnen, was er tun wird."

Drei Wochen später kam sie angerannt, um mir zu sagen, dass sie einen neuen Job bekommen hatte, einen, der noch besser bezahlt wurde als ihr alter. Zwei Monate später erzählte sie mir, sie und ihr Mann würden ihr Ehegelübde erneuern. Einen Monat später sagte sie, alle ihre Kinder würden zum ersten Mal seit Jahren wieder zum Abendessen kommen. Nach einem Jahr war fast jeder Teil ihres Lebens erneuert worden, nur weil sie gelernt hatte, Gottes Stimme zu hören.

*****

Als Kind lernte ich, vor dem Essen und dem Schlafengehen zu beten. Ich weiß noch, dass ich manchmal nachts wach lag und alle meine Gebetsanliegen durchdachte und hoffte, nichts zu vergessen. Ich gab mir Mühe, für alles so klar wie möglich zu bitten, und gleichzeitig befürchtete ich, dass ich zu viel auf einmal verlangte. Ich habe mich über diese einseitigen Gespräche nicht geärgert, aber ich hatte immer das Gefühl, dass etwas fehlte. Ich war mir nur nicht sicher, was.

Als ich zwölf Jahre alt war, begannen meine Eltern und ich – wie ich in Kapitel 1 erwähnt habe –, eine Gemeinde zu besuchen, die sich sehr aktiv um die Schulung ihrer Mitglieder in den Gaben des Geistes, insbesondere der Prophetie, bemühte. Meine Mutter nahm mich zu einer der prophetischen Schulungen der Gemeinde mit. Dieser einstündige Kurs hat meinen Lebensweg völlig verändert.

Es war das erste Mal, dass ich hörte, dass man lernen kann, Gottes Stimme zu hören, bzw. dass er überhaupt noch spricht. Wie ich in meinen früheren Büchern berichtet habe, hatte dies massive Auswirkungen auf meine Erfahrung mit dem Sehen im Geist, aber diese Offenbarung hatte einen noch größeren Einfluss auf mein Gebetsleben. Ich schickte keine gelegentlichen Bitten mehr an einen entfernten Wohltäter, sondern sprach mit meinem Papa. Ich konnte Fragen stellen und Antworten bekommen. Ich konnte Fragen stellen und auch er stellte Fragen.

Ich konnte Gott nach seiner Meinung, seinen Gedanken und seinen Gefühlen fragen. Ich konnte wirklich eine Beziehung zu ihm haben.

Kommunikation ist das A und O einer jeden Beziehung. Durch Kommunikation können wir Informationen, Gefühle, Witze, Erkenntnisse, Gedanken, Hoffnungen, Träume und so viel mehr austauschen. Und durch Kommunikation können wir auch echte Verbindungen untereinander aufbauen. Das Gebet ist nicht mehr und nicht weniger als Kommunikation mit Gott. Und ich kann mir keinen konkreteren Ausdruck seiner Liebe vorstellen als den Gedanken, dass Gott mit mir sprechen möchte.

Gebet verbindet uns mit der Wirklichkeit Gottes. Es macht uns mit seinem Charakter, seinen Zielen und Gedanken vertraut. Es hilft uns, seine Gegenwart in schmerzhaften Erlebnissen zu erfahren. Es macht uns mit der Autorität vertraut, die wir in ihm haben. Es bildet das Fundament unserer Identität.

Die meisten Menschen wären verblüfft, wenn sie wüssten, wie sehr die geistliche Welt auf Gebete reagiert. Ich habe gesehen, wie Hunderte von Engeln freigesetzt wurden, während eine junge Frau für ein Land betete, das in Not ist. Ich habe beobachtet, wie Verbindungen in zerrütteten Familien gewebt wurden, als ein Vater für die Wiederherstellung ihrer Beziehungen betete. Ich habe erlebt, wie ein einziges Gebet die jahrzehntelangen Verschwörungen, Pläne und Angriffe des Feindes auf das Leben eines Mannes in nur wenigen Sekunden völlig auflöste.

Das Gebet ist mächtig, aber es ist die Vertrautheit mit Gottes Wesen, die aus einem Lebensstil des Gebets kommt, der uns unzerstörbar macht.

Die folgenden Ressourcen können dir helfen, in diesem Bereich zu wachsen:

- *Der glückliche Fürbitter* von Beni Johnson
- *Red Moon Rising* von Pete Greig und Dave Roberts
- *Translating God* von Shawn Bolz

Anbetung

Vor einigen Jahren war ich auf einer Konferenz irgendwo im Mittleren Westen. Sie fand in einem großen Konferenzzentrum statt, wobei sich der Hauptsaal in einem großen lagerhausähnlichen Raum befand.

Ich ging in eine der Abendveranstaltungen hinein und fand vorne den Sitz mit meinem Namen. Dort stellte ich meine Sachen ab. Einer der anderen Redner war für die Abendveranstaltung vorgesehen, und da ich bereits am Nachmittag gelehrt hatte, war ich froh, einfach nur als Teilnehmer dabei zu sein.

Ich war ein paar Minuten zu früh gekommen, weshalb ich mir einige Augenblicke Zeit nahm, um mich umzusehen, als die Leute eintrafen und ihre Plätze einnahmen. Es waren etwa sechshundert Personen über den offenen Raum verteilt, und weitere etwa fünfzig kamen gerade noch herein. Jeder von ihnen hatte einen persönlichen Engel – einen Engel, der dieser Person für ihr gesamtes Leben zugewiesen ist. Etwa zwanzig weitere Engel liefen mit großen Schleppen aus goldenem Tuch die beiden Gänge entlang. Ich ging davon aus, dass dies eine Vorbereitung auf etwas war, das während des Gottesdienstes geschehen sollte. Ein Dutzend Schutzengel waren an den Seiten des Raumes verteilt, hauptsächlich in der Nähe der Ein- und Ausgänge.

Dann hörte ich auf, im Geist zu schauen, und sah mir nur noch die Leute an. Ich fragte mich, warum sie wohl alle zu dieser Konferenz gekommen waren – was sie sich erhofft hatten, während sie hier waren, und was in den Tagen und Wochen vor der Konferenz geschehen war. In der Konferenz ging es darum, einen „Durchbruch" zu erleben. Hatten diese Leute inzwischen den Durchbruch, den sie sich erhofft hatten? Waren sie hier, weil sie sich nach mehr von Gott sehnten? Waren sie hier, weil sie verzweifelt waren?

Bei diesen Gedanken fing ich an, über die Dinge nachzudenken, über die ich während meiner Lehreinheit zuvor gesprochen hatte. Ich fragte mich, ob es wohl für manche von ihnen hilfreich gewesen war. War es die Antwort, nach der einige von ihnen gesucht hatten, oder waren sie enttäuscht worden? Selbst wenn ich etwas Wertvolles gesagt hatte, konnte eine Stunde Lehre wirklich jemandem helfen?

Ich schaute noch einmal im Geist; diesmal nach den schlechten Dingen, die im Raum waren. Das tat ich normalerweise nicht, aber durch mein Nachdenken war ich neugierig geworden. Ich hoffte, dass ich vielleicht durch das Beobachten der negativen Dinge sehen könnte, ob etwas, was ich zuvor gesagt hatte, jemandem geholfen hatte.

Etwa dreißig Dämonen waren sporadisch im Raum verteilt, die auf die eine oder andere Weise die Leute belästigen, indem sie an ihnen zogen oder sie stießen. Das war in etwa normal, also schenkte ich dem keine besondere Beachtung. Ich schaltete um und begann, nach seelischen Wunden bei Menschen zu suchen, nach Anzeichen von emotionalen und mentalen Verletzungen. Als ich mich im Raum umsah, sah ich das normale Spektrum von kleinen Beulen und Kratzern, die jeder im Laufe des Lebens abbekommt; nur gelegentlich sah ich die tiefen, ausgefransten und blutenden Anzeichen eines echten Traumas. Diese Dinge zu sehen, machte mich natürlich traurig, aber die Anzahl der Menschen im Raum mit solchen Wunden war ebenfalls ziemlich normal. Was dagegen meine Aufmerksamkeit erregte, war, dass jede Person in diesem Raum Ketten trug.

Einige hatten einfache Ketten um ihre Handgelenke; andere waren so mit Ketten bedeckt, dass ich sie vor all dem Metall auf ihnen nicht einmal sehen konnte. Mir sank das Herz. Dies sollte eine Durchbruchs-Konferenz sein? Was immer ich an diesem Nachmittag gesagt hatte, musste völlig wertlos gewesen sein. Alle waren immer noch gebunden.

Ich durchsuchte den Raum auf der Suche nach jemandem, irgendjemandem ohne Ketten. Es musste doch jemanden geben, der den Durchbruch geschafft hatte. Die Verzweiflung lastete schwer auf mir. Egal, wohin ich schaute, alle waren in Ketten gefesselt.

Du fragst dich vielleicht, warum die persönlichen Engel der Leute die Ketten nicht einfach zerrissen oder ob es überhaupt möglich ist, dass ein Christ so gebunden sein kann. Die Antwort ist einfach: Engel haben keine Autorität über unsere Entscheidungen und Überzeugungen, und alle Entscheidungen, die wir treffen, und jede unserer Überzeugungen haben Konsequenzen. Diese Folgen sind bei großen moralischen Entscheidungen und Überzeugungen leicht vorstellbar, aber selbst unsere kleinsten Entscheidungen und Überzeugungen haben dauerhafte Auswirkungen.

Einige der Ketten waren die Folge von Entscheidungen, welche die Menschen aufgrund einer Begierde, Sucht oder von Stolz getroffen hatten, aber die meisten waren das Produkt viel subtilerer Entscheidungen und Überzeugungen. Diese Art von Entscheidungen und Überzeugungen beruhen auf den Lehren, die wir aus unserem kirchlichen Hintergrund, unserer Erziehung und unserer Lebenserfahrung gezogen haben. Sie sind die Folge von Hunderten kleiner Momente – einige, in denen uns die Erfahrung zur Wahrheit führt, und einige, in denen die Erfahrung eine Lüge verstärkt. Die meisten dieser Ketten waren die Folge all der kleinen Lügen des Feindes, die die Menschen über sich selbst, über andere Menschen und über das Wesen Gottes glaubten, sowie der Entscheidungen, die sie aus diesen Überzeugungen heraus getroffen haben.

Als ich mich umsah, wie viele Ketten auf jeder Person lagen, und mir klar wurde, dass ich keine Ahnung hatte, welche Art von Lehre, Beratung oder Schulung all diese Ketten, auch nur bei einer Person, aufbrechen könnte, wurde mein Gefühl der Verzweiflung noch stärker.

Ich seufzte tief und überdachte ernsthaft meine Berufswahl, sackte in meinem Stuhl zusammen und nahm meinen Kopf in die Hände. In diesem Moment spielte das Anbetungsteam den ersten Ton.

Der Klang brachte meinen Oberkörper zum Vibrieren. Nicht das Donnern, das von aufgedrehten Lautsprechern und Subwoofern verursacht wird, sondern ein Zittern, das meine Seele erschütterte. Das Gefühl der Verzweiflung löste sich auf wie Nebel, wenn die Sonne durchbricht. Meine Entmutigung kam mir plötzlich klein und unbedeutend vor.

Ich schaute mich im Raum um. Die Leute gingen nach vorne, um von ganzem Herzen anzubeten. Engel schlossen sich ihnen an und füllten alle Räume zwischen den Leuten aus. Engel und Menschen begannen, zusammen zu tanzen und zu singen. Die Engel wurden immer ausgelassener, als die Anbetung weiterging; sie hüpften, drehten sich und wirbelten bald in großen Sprüngen durch den ganzen Saal.

Das Anbetungsteam wechselte zu einem neuen Lied, und alle Engel zogen gleichzeitig ein Schwert heraus. Sie setzten ihre großen Sprünge fort, aber überall, wo sie hinkamen, zerschlugen sie die Ketten von jedem, der sich in ihrer Reichweite befand. Alle Engel zeigten ein massives Grinsen, als sie von einer Person zur nächsten sprangen und deren Fesseln zertrümmerten.

Bald war der Boden völlig mit zerbrochenen Ketten bedeckt, und ich konnte keine einzige Person sehen, die noch gefesselt war.

Das Lied wechselte wieder, und die Engel legten ihre Schwerter weg. In einem kaskadenartigen Rhythmus, der zum Lied passte, schwebten die Engel nach oben und tauchten irgendwo hinter der Bühne ab. Nach ein paar Takten kehrten sie mit einer riesigen Menge an Juwelen und Goldschätzen in den Raum zurück. Diese warfen sie in die Menge wie Kleinkinder, die jubelnd mit Spielzeug werfen. Die Schätze fielen auf den Boden und vermischten sich mit den Fragmenten der Ketten.

Die Band begann ein viertes Lied zu spielen, und die Engel schlossen sich wieder der Menge an. Sie rannten zu den Gängen, jeder zu einer der Ecken des goldenen Stoffes, den sie zuvor dort hingelegt hatten. Als die Musik weiter anschwoll, hoben die Engel den Stoff in die Luft und warfen dadurch die Mischung aus goldenen Schätzen und zerbrochenen Ketten in die Luft. Dort hingen diese herum, als hätte der goldene Stoff die Wirkung der Schwerkraft auf sie aufgehoben.

Zu Beginn des fünften Liedes kamen große Feuerströme von der Bühne herab. Die Engel sprangen dorthin und fächerten mit ihren Flügeln die Flammen an. Das Feuer wurde so heiß, dass die Kettenstücke und die Schätze dort schmolzen, wo sie in der Luft schwebten. Die Mischung aus geschmolzenen Metallen begann auf die Gemeinde zu regnen und überzog sie mit flüssigem Gold.

Als das ganze Gold gefallen war, erschienen weitere Engel auf der Bühne und hatten schwere Hämmer in den Händen. Sie schlugen die Hämmer auf der Bühne in perfektem Rhythmus und perfektem Gleichklang und schickten dadurch Schockwellen durch den Raum. Jede Welle verlieh den unförmigen Spritzern von gemischtem Gold auf jeder Person Gestalt. Das Metall nahm Struktur und Form an. Die Juwelen verwandelten sich langsam in Schmuckstücke. Sie bildeten bei einigen Kronen und bei anderen Rüstungen, waren aber alle einzigartige und dekorative Symbole der Königswürde.

Kurz darauf endete die Anbetung. Als die Leute wieder Platz nahmen, geschmückt mit neuen und schönen Symbolen ihrer Identität und Autorität in Gott, dachte ich über die Entmutigung nach, die ich zu Beginn des Abends empfunden hatte. Ich hatte mich so machtlos gefühlt, als hätte nichts, was ich hätte sagen oder tun können, jemandem helfen können. Das schien jetzt albern zu sein.

„Es geht nicht darum, was du sagst. Es geht darum, was ich mit dem tue, was du sagst", sprach die Stimme des Heiligen Geistes und antwortete auf meine Gedanken.

Seine Worte ließen mich plötzlich an die Schätze denken, die die Engel in den Raum geworfen hatten.

„Sie entsprachen dem, was du und die anderen Redner gesagt haben."

Ich schüttelte den Kopf, beschämt über meine Dummheit und darüber, dass ich mich vom Feind hatte dazu verleiten lassen, Gedanken zu folgen, die zu solch unnötiger Verzweiflung geführt hatten. Ich hatte vor langer Zeit gelernt, dass ich nicht für den Durchbruch anderer verantwortlich war; ich war nur dafür verantwortlich, das zu sagen, was der Heilige Geist mir auftrug. Natürlich war ich von den Ketten überwältigt gewesen. Es wäre unmöglich gewesen, die vielen Schichten ungesunder Überzeugungen durch Lehre zu beseitigen, selbst wenn ich dafür zwölf Stunden gehabt hätte. Nur der Heilige Geist konnte das, was ich und die anderen Redner gesagt hatten, zu etwas formen, das so viel Freiheit freisetzte, wie ich gerade miterlebt hatte.

Ich dachte darüber nach, wie sich die zerbrochenen Ketten mit den Schätzen vermischt hatten und in die Kronen und die Rüstung integriert wurden, die nun alle Personen um mich herum schmückten.

Der Heilige Geist sprach noch einmal, und dieses Mal konnte ich ein warmes Lächeln im Ton seiner Stimme spüren. „Ich möchte nichts verschwenden."

*****

Ich liebe es anzubeten. Ich glaube, es ist das Himmlischste, was wir auf Erden tun können. In meinen früheren Büchern habe ich schon oft über Anbetung geschrieben. Ich bin immer noch fasziniert von all dem, was passiert, wenn wir unseren Gott anbeten. Ich habe dabei Momente des Durchbruchs und der Segnungen wie in der vorherigen Geschichte erlebt, aber auch Momente tiefster Intimität, Zeiten, in denen alle Engel weggehen und es nichts gibt außer uns und Gott. Menschen wurden in der Anbetung sowohl emotional als auch körperlich geheilt oder erlebten zum ersten Mal die Gegenwart Gottes. Die Anbetung ist für Gott, nicht für uns. Aber offensichtlich kann Gott nicht anders, als uns etwas im Austausch zu geben, wenn wir ihn anbeten.

Wenn wir darauf aus sind, Gott anzubeten, sind wir für die Lügen des Feindes unangreifbar. Ihn anzuschauen, bedeutet, alle anderen Dinge in die richtige Perspektive zu rücken.

Anbetung ist, wie du sicher weißt, viel mehr, als ein Lied zu singen. Anbetung ist ein Lebensstil, eine Möglichkeit, das Leben zu erfahren und zu betrachten und sich auf das Leben einzulassen. Sie ist ein Feuer in unserem Herzen, das wir am Brennen halten. Wenn wir merken, dass die Flammen schwach werden, nehmen wir uns die Zeit, es wieder anzufachen.

Ihre Einfachheit ist sowohl die Schönheit als auch die Herausforderung der Anbetung. Anbetung ist der Akt, Gott unsere Liebe auszudrücken. Es gibt keinen Trick, keine Drei-Schritte-Methode; es ist einfach ein Akt der Liebe. Die meiste Zeit kommt unsere Anbetung aus einem Überfluss heraus. Es ist der leidenschaftliche Ausdruck von Begeisterung und Freude. Daran ist natürlich nichts auszusetzen. Aber wenn du ein Herz der Anbetung kultivieren kannst, das intakt bleibt, egal ob dein Leben voller Freude ist und überfließt oder leer und trocken ist, wirst du die Bausteine für ein unzerstörbares Lebens haben.

Die folgenden Ressourcen können dir helfen, in diesem Bereich zu wachsen:

- *The Purpose of Man* von A. W. Tozer
- „Worship in All Seasons" von Bill Johnson (Anmerkung für die Leser: Dies ist eine Audio-/Videobotschaft, die auf YouTube oder auf worshipu.com verfügbar ist. Dort finden sich viele Lehren, Schulungen und Gabenfreisetzungen zum Thema Anbetung).

Wachse weiter

Es gibt Tausende von Möglichkeiten, eine Beziehung zu Gott aufzubauen. Du kannst einen Spaziergang machen und mit ihm reden. Du kannst seine Gegenwart einladen, wenn du dein Fitnesstraining machst. Du kannst ihn um seine Meinung bitten, während du deine Lieblingssendung ansiehst. Du kannst ihn fragen, was ihn beschäftigt, während du deine Zähne putzt. Der Punkt ist: Wenn du ihn einlädst, kann jeder Moment die Beziehung zu ihm vertiefen.

Jede Begegnung mit Gottes Gegenwart schafft Raum für mehr von seiner Gegenwart, egal wie groß oder klein sie auch sein mag. Es gibt keine Obergrenze für die Erkenntnis Gottes. Er ist unendlich. Es gibt immer mehr von ihm zu erkennen. Wenn unsere Beziehung zu ihm verkümmert, dann nicht, weil wir keine neuen Dinge mehr über ihn erfahren könnten, sondern weil wir auf unserer nie endenden Entdeckungsreise an Dynamik verloren haben.

Diese Dynamik, dass wir unsere Vertrautheit mit ihm immer mehr vertiefen, bildet den Kern dessen, dass wir unzerstörbar werden. Wir sind dazu bestimmt, uns nach einer wachsenden Beziehung zu Gott zu sehnen. Wir verhungern und verzweifeln ohne sie. Aber mit ihr fängt jeder Winkel unseres Lebens zu leuchten an.

KAPITEL 12

Gemeinschaft von Freunden

Wenn wir aber im Licht wandeln, wie er im Licht ist, haben wir Gemeinschaft miteinander, und das Blut Jesu, seines Sohnes, reinigt uns von jeder Sünde.

1. Johannes 1,7

Ich habe dieses Buch verfasst, um dieses Kapitel zu schreiben. Es ist nicht das wichtigste Kapitel des Buches. Es ist nicht das revolutionärste. Aber sein Thema ist das, was meiner Meinung nach am meisten vernachlässigt wird. Gemeinschaft ist ein grundlegender Teil von Gottes Plan für die Menschheit. Die Verbundenheit mit anderen Menschen ist nicht optional, keine lästige Komplikation. Sie ist Teil dessen, wie Gott uns geplant hat.

Die Beziehung zu Gott ist der wichtigste Aspekt der geistlichen Kampfführung. Doch leider sind viele Christen dazu verleitet worden, zu verkennen, wie lebenswichtig Gemeinschaft für ihre Verbindung mit Gott ist. Wenn die Beziehung zu Gott das Fundament deines Lebens ist, dann ist Gemeinschaft die Festung, die du auf diesem Fundament aufbaust.

Gemeinschaft ist nicht nur der Ort, an dem du lebst, sondern die Kultur, die dich, deine Familie und deine Freunde auszeichnet.

Meiner Ansicht nach gibt es drei Schlüsselfaktoren für den Aufbau und die Erhaltung einer gesunden Gemeinschaft. Diese drei Dinge sind die Lösung für 90 Prozent des geistlichen Kampfes, den ich im Leben der Christen sehe. Jedes Mal, wenn jemand mit dämonischer Belastungen zu mir kommt, frage ich nach den folgenden drei Themen. Und jedes Mal stelle ich fest, dass diese Person einen Mangel in einem dieser Bereiche hat, meist sogar in allen drei: Freunde, Spaß und Ruhe.

Freunde

Vor einigen Jahren machte ein Freund von mir eine schwere Zeit durch. Seine Ehe hatte fast ein Jahr lang gewackelt, und nun machte seine Frau Pläne, sich scheiden zu lassen. Er wollte weiter an der Ehe arbeiten; sie nicht.

Ich weiß noch, wie er zu mir und meiner Frau April kam, um uns über die Geschehnisse zu berichten. Wir waren schon seit einigen Jahren befreundet gewesen und die beiden waren in der Vergangenheit ein paarmal zur Eheberatung bei uns gewesen, sodass es uns betrübte, als wir hörten, dass die Dinge nicht gut liefen.

Als mein Freund seine Geschichte erzählte, sah ich eine dunkle Gestalt hinter ihm stehen. Sie war von Kopf bis Fuß mit schwarzen und verfaulten Stoffstreifen bedeckt und hielt einen rissigen, schwarzen Dolch in der Hand. Der Anblick legte mir ein erdrückendes Gewicht auf die Brust.

„Ich weiß nicht, was passieren wird", sagte mein Freund mit einem ehrlichen Versuch eines Lächelns auf seinem Gesicht. „Sie will es noch nicht offiziell machen, weshalb ich noch Hoffnung habe."

Der Dolch zitterte bei dem Wort „Hoffnung", als wäre sie ein lebenswichtiges Organ, in das er sich unbedingt stürzen wollte. Die Last, die ich auf meiner Brust spürte, wurde schwerer.

Mein Freund fuhr fort: „Ich wollte euch nur wissen lassen, wo wir stehen und ..." Er hielt einen Moment inne. „Ich möchte einige meiner engsten Freunde daran teilhaben lassen, während wir da durchgehen." Er nannte zwei weitere Paare und einige seiner ledigen Freunde. „Hört sich sinnvoll an", nickte ich.

„Wenn das also für euch in Ordnung ist, würde ich euch gerne auf dem Laufenden halten, und vielleicht manchmal die Dinge mit euch durchsprechen. Und ihr könnt mich gerne fragen, wie es mir geht, oder mir Feedback geben."

„Das würden wir gerne tun", sagte April.

Monate vergingen. Ich fragte ein paar Mal nach, aber die Frau meines Freundes war immer noch in Richtung Scheidung unterwegs. Jedes Mal, wenn ich ihn sah, sah ich auch den Dämon mit dem Messer im Anschlag.

Dann, eines Abends, bat mein Freund, noch einmal vorbeikommen zu dürfen. Als ich die Tür öffnete, um ihn hereinzulassen, sah ich den Dämon hinter ihm stehen, zusammen mit sechs weiteren in verschiedenen Formen und Größen.

„Sie reicht diese Woche die Papiere ein", sagte er, nachdem wir uns an den Tisch gesetzt hatten. „Es ist also noch etwas Zeit, um etwas zu ändern. Es wäre wohl nicht richtig, zu versuchen, den rechtlichen Kram komplizierter zu machen. Ich werde deshalb unterschreiben, wenn das ihr Entschluss ist."

Als er die letzten Worte sprach, spuckte der Dämon einen abscheulichen grünen Schleim auf das Messer. Beim Anblick des dampfenden Speichels schossen mir Bilder durch den Kopf: schmerzende Einsamkeit, endlose Depression, Selbstzerstörung, Tod. In weniger als einer Millisekunde sah ich in einer Schnellfeuer-Diashow, wie das Leben meines Freundes in Stücke zerfiel. Und dann stieß der Dämon das Messer nach vorne.

Mein Körper zuckte, ein mitfühlender Schmerz rauschte durch meine Wirbelsäule, als ich daran dachte, dass dieses dreckige Messer in den Rücken meines Freundes drang. Aber das war nicht das, was passierte.

Das vergiftete Messer schoss nach vorne und stoppte dann fünf Zentimeter vor meinem Freund. Der Dämon drehte und zerrte an dem Dolch, als sei er in etwas eingeklemmt. Er konnte ihn befreien, dann stieß er ihn wieder nach vorne, aber wieder stoppte er, als ob er in etwas stecken würde, das ich nicht sehen konnte. Der Dämon zischte frustriert.

„Wie geht es dir?", fragte ich, wobei ich ein Auge auf dem Dämon hatte, während dieser seinen vergeblichen Angriff fortsetzte.

Er seufzte. „Nicht großartig. Ich bin traurig, supertraurig. Aber ich weiß nicht, was ich tun soll, außer nahe bei Gott und meinen Freunden zu bleiben."

Er sprach weiter darüber, dass er sich mit all den Ehepaaren und Freunden, von denen er uns zuvor erzählt hatte, getroffen habe, und dass er dafür gesorgt habe, mit Gott über all die Emotionen zu sprechen, die in dieser Zeit aufkamen, und dass er weiterhin zu seinem Eheberater gegangen war.

Während er sprach, beobachtete ich, wie auch jeder der anderen Dämonen nacheinander versuchte, die unsichtbare Barriere um meinen Freund herum zu durchbrechen. Ein stämmiger kleiner Dämon mit übertriebenen Gesichtszügen stieß gegen die Barriere. Ich spürte, wie Anflüge von Verlegenheit und Scham durch die Luft schwebten. Ein katzenartiger Dämon mit roten Reißzähnen schlug mit seinen 15 cm langen Krallen gegen die Barriere. Ich spürte den plötzlichen Drang, seine Frau zu beschuldigen und ihr die Schuld für all das zuzuschieben. Ein Angriff nach dem anderen kam gegen meinen Freund. Ich konnte all die schreckliche Zerstörung sehen, die der Feind seinem Leben anrichten wollte, aber nichts davon gelang ihm.

„Es ging mir also schon mal besser, aber ehrlich gesagt fühlt sich mein Herz gut an. Ich bin nicht sauer auf sie. Ich habe eigentlich keine Angst. Ich bin einfach nur traurig."

Die Scheidung wurde im Laufe jener Woche vollzogen. Zuerst war ich besorgt, nachdem ich das Ausmaß der Angriffe gegen meinen Freund gesehen hatte. Der Feind wollte ihn in eine Depression schicken, ihn dazu bringen, seine Ex-Frau zu beschuldigen und sich über sie zu ärgern, oder ihm jeden anderen Schmerz und jedes andere Leid zufügen, das er aus dieser Sache herausholen konnte.

Doch anstatt diese möglichen Angriffe zuzulassen, vertiefte mein Freund die Beziehungen zu den Leuten in seiner Gemeinschaft. Er zog mit einem seiner alleinstehenden Freunde zusammen, traf sich weiterhin mit den Ehepaaren, die ihn unterstützt hatten, und setzte seine Treffen mit seinem Seelsorger fort.

Ich konnte beobachten, wie ein Dämon nach dem anderen, der sich aufgemacht hatte, den Schmerz meines Freundes aufrechtzuerhalten, seine fruchtlosen Angriffe aufgab, bis nur noch der Dämon mit dem Messer übrigblieb.

Fast ein Jahr nach der Scheidung sprach ich mit meinem Freund. Er erzählte mir, er fühle sich Gott näher und mehr mit ihm verbunden als je zuvor. Er sprach darüber, dass er sich auch mehr als je zuvor mit seiner Gemeinschaft von Freunden verbunden und von ihr geliebt weiß und sich sein Leben besser anfühle als je zuvor. Er verarbeitete immer noch den Schmerz und war immer noch traurig über das, was geschehen war, aber alles, was Gott tat, war mehr als genug, um es durchzustehen.

Nachdem mein Freund mich auf den neuesten Stand gebrachte hatte, sah ich den Dämon mit dem Messer hinter ihm aufstehen. Er hob den Dolch hoch über seinen Kopf und hielt ihn mit beiden Händen. Die Heftigkeit der Bewegung zog seine zerlumpten Bandagen zurück und gab das Gesicht des Dämons preis. Er hatte eine blassgraue Haut, glühend rote Augen und zusammengeknirschte gelbe Zähne. Das Gewicht, das ich gespürt hatte, als ich den Dämon zum ersten Mal sah, schlug mir wieder in die Brust. Seine Augen blitzten, und in ihnen sah ich all die schrecklichen Pläne, die er für das Leben meines Freundes hatte, und für jeden, der mit ihm verbunden war. Das Messer sauste mit dem vollen Hass des Dämons herunter, der es vorwärtstrieb. Es prallte zur Seite, lange bevor es den Kopf meines Freundes erreichte, was dazu führte, dass der Dämon zu Boden stürzte.

Er gab einen so heftigen letzten Schrei von sich, dass Klumpen seiner giftigen, grünen Spucke herausflogen und über den unsichtbaren Schutzschild rutschten, der meinen Freund umgab. Dann drehte er sich um und ging weg. Ich habe ihn nie wieder gesehen.

Ich weine jetzt, während ich diese Geschichte schreibe, und denke an die Lawine des Bösen, die sich im Leben meines Freundes nicht ereignet hat. Du würdest nicht glauben, welches Ausmaß an Zerstörung der Feind durch dieses eine Ereignis in seinem Leben anrichten wollte. Er wollte meinem Freund, seiner Ex-Frau, ihren Freunden, ihrer Familie und jedem ihrer zukünftigen Ehepartner und Kinder Schmerzen bereiten. Er hatte einen lawinenartigen Plan der Finsternis, der Kummer und Leid weit über das Leben meines Freundes und seiner ehemaligen Frau hinaus bewirkt hätte. All das konnte ich an dem Tag, als er ging, in den Augen des Dämons sehen. Aber nichts davon ist eingetreten. Nichts davon konnte meinen Freund verletzen, denn als seine dunkle Nacht der Seele kam, zog er seine Freunde an sich.

*****

Der Mensch ist grundsätzlich für Beziehungen geschaffen. Selbst unsere Beziehung zu Gott ist so geartet, dass sie am besten im Kontext der Gemeinschaft funktioniert.

Die Bibel ist voller Stellen, die zu Beziehung, Freundschaft und Einheit ermutigen. Wir sind so konzipiert, dass wir Beziehungen zu anderen Menschen brauchen. Wir brauchen Mütter und Väter, solche, die unser Leben mit ihrer Weisheit, Erfahrung und Einsicht bereichern. Wir brauchen Brüder und Schwestern, Gleichaltrige, mit denen wir gemeinsam unterwegs sein können. Wir brauchen Söhne und Töchter, Menschen, denen wir unsere Weisheit, Erfahrung und Einsicht weitergeben können. Wir brauchen viele verschiedene Arten von Beziehungen, aber im Moment möchte ich mich auf die Bedeutung von Freundschaften konzentrieren.

Neunzig Prozent des geistlichen Kampfes, den ich erlebe, könnte man vollständig lösen, indem man lernt, gesunde, enge und transparente Freundschaften zu entwickeln. Das mag wie eine Übertreibung klingen, aber es stimmt. Die Pläne des Feindes lösen sich auf, wenn sie mit gesunden Beziehungen zwischen Menschen in Berührung kommen.

Die vorangegangene Geschichte ist nur eines von Hunderten von Malen, die ich erlebt habe, bei denen eine Freundschaft jemanden unzerstörbar gemacht hat. Ich habe erlebt, wie einige der hinterhältigsten Pläne des Feindes – ausgeklügelte Lügenketten, die über Jahrzehnte hinweg aufgebaut worden waren – durch die Kraft der Verbundenheit mit anderen völlig untergraben wurden.

Unsere Beziehung zu Gott ist unsere wichtigste Verbindung, aber die Verbindung zu gesunden Freunden ist eine der wirksamsten Möglichkeiten, unsere Beziehung zu ihm zu schützen.

Gesunde Freunde sagen dir, wenn du dich nicht so verhältst, wie du eigentlich könntest. Gesunde Freunde ziehen dich aus den Fallen des Feindes, auch wenn du durch deine schlechte Entscheidung dort gelandet bist. Gesunde Freunde sagen es dir, wenn du Lügen glaubst. Gesunde Freunde schützen die Freude in deinem Leben.

Jesus war so eng mit dem Vater verbunden, wie man nur sein konnte, und dennoch hatte auch er Freunde – mehrere Ebenen davon. Er hatte die Scharen, die ihm folgten, die zwölf, die seine engsten Jünger waren, die drei (Petrus, Jakobus und Johannes), die seine engen Freunde waren, und dann noch einen Freund, der ihm am Nächsten stand: Johannes. Wenn Jesus Freunde brauchte, dann brauchen wir sie sicherlich auch.

Ich weiß, dass dies für einige Leute schwierig sein kann. Es kann sich schwierig oder unangenehm anfühlen, Freundschaften von Grund auf neu zu beginnen. Vielleicht hast du durch Beziehungen Leid oder Verrat erfahren. Es stimmt, dass Freundschaften riskant sind. Aber ein Leben ohne sie ist nicht nur ein Risiko, sondern eine Gefahr. Der Feind wird Schmerz einsetzen – Schmerz, den andere uns zugefügt haben, oder Schmerz, den wir anderen bereitet haben –, um uns dazu zu bringen, uns selbst zu isolieren. Wir sind nie gefährdeter, als wenn wir allein sind.

Ich ermutige dich, das Risiko einzugehen und nach gesunden Freundschaften Ausschau zu halten. Ich empfehle insbesondere die folgenden Ressourcen, die dir helfen können, gesunde Freundschaften zu entwickeln:

- *Lass deine Liebe an!* von Danny Silk
- *Rooted* von Banning Liebscher
- *Die fünf Sprachen der Liebe* von Gary Chapman
- *Du und die anderen* von Suzanne Stabile

Spaß und Ruhe

Jim kam mit hängenden Schultern und Ringen unter den Augen herein. Er war ein Schüler im zweiten Jahr an der Ministry School, an der ich unterrichtete, und war gerade dreißig Minuten zu spät zum Unterricht gekommen.

Als er mich sah, sanken seine Schultern noch etwas mehr zusammen. „Hey, Blake, tut mir leid, dass ich zu spät komme."

„Es ist in Ordnung", sagte ich mit Blick auf seinen erschöpften Gesichtsausdruck.

„Geht es dir gut?"

Er schenkte mir ein halbes Lächeln. „Ja, mir geht es gut. Die Arbeit hat sich angesammelt. Zwei Leute haben gerade gekündigt; ich habe also eine Menge mehr an Arbeit. Die Mädchen haben dieses Jahr zweimal pro Woche Fußballtraining. Ich arbeite auch an meinem neuen Start-up-Unternehmen und schließe nebenbei noch das Buch ab, das ich gerade schreibe.

„Bist du nicht auch noch in Gruppenprojekten involviert?" Schüler im zweiten Schuljahr hatten ein dreimonatiges, von den Schülern entworfenes Projekt als Teil ihres Lehrplans durchzuführen. Das konnte alles sein, von der Planung und Durchführung einer großen evangelistischen Veranstaltung bis hin zur Erstellung einer Website, auf der Heilungszeugnisse veröffentlicht werden.

„Ja, ich helfe bei drei von ihnen mit."

„Und wie läuft das?", fragte ich und spürte ein besorgtes Lächeln auf meinem Gesicht.

Er hielt einen langen Moment inne und sagte dann: „Ich glaube, ich habe es im Griff. Nur noch ein paar Wochen, dann sollte alles in Ordnung sein."

„Gut", sagte ich.

Als er vorbeiging, bemerkte ich einen kleinen Dämon, der ihm im Nacken hing. Er war nicht größer als ein Hamster und hatte eine bleiche Haut in der Farbe von rohem Hühnerfleisch. Sein Mund war auf Jims Nacken gepresst, was mich an Blutegel erinnerte, die sich an ihren Wirten festsaugen.

Ich sehe ständig Dämonen auf Menschen. Meistens sind sie in weniger als vierundzwanzig Stunden weg, vertrieben durch den normalen Prozess gesunden Denkens. Wenn wir uns entscheiden, den Zorn loszulassen und zu vergeben, wenn wir eifersüchtige Gedanken wegstoßen, wenn wir innehalten und unser Denken neu bewerten, nehmen wir dem Feind die Möglichkeit, uns zu beeinflussen. Dämonen sind Opportunisten. Wir eliminieren ihre Chancen, wenn wir unsere Gedanken neu auf den Himmel ausrichten.

Aus diesem Grund teile ich es nie gleich mit, wenn ich Dämonen auf Menschen sehe. Sie zu erwähnen, lässt das Problem oft größer erscheinen, als es ist, und macht das, was ein eintägiges Problem gewesen wäre, zu etwas Komplizierterem.

Ich biss mir auf die Lippen, als ich Jim gehen sah, und hoffte, dass der kleine Blutsauger beim nächsten Mal nicht mehr da sein würde. Ich konnte mir gut vorstellen, was er vorhatte.

Ein paar Wochen später traf ich Jim auf dem Flur wieder. Er sah nicht besser aus; je genauer ich ihn ansah, desto schlechter sah er sogar aus. Die Ringe unter seinen Augen hatten sich vertieft, und seine Haut sah ein wenig blass aus. Er war unter dem Gewicht seines Rucksacks leicht gebeugt.

„Wie geht's, Jim?", fragte ich, und tat mein Bestes, um fröhlich zu klingen.

„Ziemlich gut", sagte er und lächelte dabei erschöpft.

„Ja?"

„Ja."

„Läuft die Arbeit besser?"

„Oh, ja, sie haben drei weitere Leute eingestellt, das ist viel besser. Dadurch habe ich viel mehr Zeit für die Arbeit an meinem neuen Geschäft. Es wird fantastisch sein." Dann nahm er sich ein paar Minuten Zeit, um mir von der Software zu erzählen, die er entwickelte, Dinge, von denen ich nur genug wusste, um an den richtigen Stellen zu nicken.

„Ich habe eine Woche lang jede Nacht bis ein Uhr morgens programmiert."

„Und du hilfst immer noch bei drei Projekten im zweiten Jahr?"

„Ja, aber ich helfe ihnen nur bei einigen der technischen Dinge. Es ist keine große Sache."

„Und das Buch?"

Er runzelte die Stirn. „Das habe ich vorerst auf Eis gelegt. Ich werde darauf zurückkommen, wenn die Software fertig ist."

Ich beugte mich vor und schaute ihm so lässig wie möglich über die Schulter, um zu sehen, ob der Dämon noch da war. Das bauchige kleine Wesen hing noch immer an seinem Nacken, und sein blass-rosa Körper war auf das Dreifache seiner ursprünglichen Größe geschwollen.

„Bist du dir sicher, dass du nicht zu viel zu tun hast?", fragte ich, als ich den aufgeblähten Dämon sah.

„Nun ja, ich bin ziemlich beschäftigt, aber nur für eine gewisse Zeit. So mache ich das gerne. Hart arbeiten und alles erledigen, und danach ruhe ich mich dann aus. Es geht mir gut."

„Okay", sagte ich und überlegte hin und her, ob ich ihm etwas über das, was ich sah, sagen sollte. Er beendete das Gespräch und ging zum Unterricht, bevor ich mich entscheiden konnte. Ich beschloss, darüber zu beten. Vielleicht würde ich es ihm beim nächsten Mal sagen.

Einige Wochen später sah ich, wie Jim zwanzig Minuten nach Unterrichtsbeginn durch die Vordertür der Schule stürzte. Zwei weitere Dämonen folgten ihm. Einer war ein stacheliges, knochiges Wesen mit dunkelroter Haut. Der andere trug einen Eimer voll schwarzen Öls. Der Egel-Dämon hing noch immer an seinem Hals und war inzwischen so groß geworden, dass er fast bis zum Boden hing.

„Hey, Jim, ich ..."

„Hey, Blake. Tut mir leid, ich muss gehen. Zu spät für den Unterricht", sagte er, und die Worte purzelten aus seinem Mund.

„Nein", sagte ich höflich, aber bestimmt. „Ich muss mit dir reden. Bitte setz dich!" Ich deutete mit einer Hand auf eine Reihe von Stühlen in der Lobby.

Seine Augen huschten ein paar Mal von mir auf den Flur zum Raum des zweiten Schuljahrgangs. Dann ließ er schließlich einen schweren Seufzer los und sackte in einem der Stühle zusammen.

„Wie läuft es denn so?", fragte ich.

„Wunderbar. Hör mal ... Es tut mir leid, dass ich so oft zu spät gekommen bin", sagte er mit einer Stimme, die immer noch an Verzweiflung grenzte. „Ich habe im Moment einfach viel zu tun. Zwei der Leiter, die die Projekte des zweiten Jahres leiten, mussten das Projekt aufgeben, und deshalb leite jetzt ich sie und baue eine Website für das dritte Projekt auf.

„Du leitest zwei Projekte?"

„Ja, niemand sonst wollte es tun."

„Und baust eine Website für ein drittes auf?"

„Ja, aber ich kann es sehr schnell machen, dachte ich zumindest ...

Der knöcherne Dämon mit roter Haut begann, Jim einen Finger ins Gesicht zu rammen und stieß ihn mit schnellen Stichen um Nase und Augen herum. Ich konnte spüren, wie sich der Stress in Jim zusammenbraute. Ich konnte fast hören, wie sich die Aufgaben und Pflichten in seinem Kopf stapelten.

„Und was ist mit deiner Software, die du entwickelst", fragte ich.

„Wir sind gerade mitten in der Testphase, deshalb verbringe ich viel Zeit damit, mit den Testern zu diskutieren."

„Und deine Arbeit?"

„Mein Chef hat mich beauftragt, die neuen Mitarbeiter zu schulen, also muss ich da dranbleiben."

„Wie läuft es mit deiner Frau und deinen Kindern?"

„Ich denke, sie verstehen es. Sie wissen, dass es nur für eine gewisse Zeit ist ..." Seine Worte verhallten.

Der andere Dämon kippte den Eimer mit schwarzem Öl über Jims Kopf. Ich hatte diese Art von Angriff schon hunderte Male gesehen, weshalb mich der schamhafte Blick, der über Jims Gesicht kam, nicht überraschte.

Ich hätte Jim von dem Dämon erzählen können, der sich bemühte, seinen Stress zu verstärken. Ich hätte ihm von dem Dämon erzählen können, der versuchte, seine Schuldgefühle darüber, wie sich sein Zeitplan auf seine Familie auswirkte, in Scham zu verwandeln. Ich hätte ihm von dem Blutegel-Dämon erzählen können, aber nichts davon hätte geholfen.

Dämonen waren nicht Jims Problem. Jims Lebensstil war sein Problem. Sein Lebenstempo hatte ihn anfällig für Stress und Scham gemacht. Es war nicht der Blutegel-Dämon, der ihn dazu brachte, sein Leben zu überfrachten, sondern das Problem war, dass sich der Dämon mit seinem auszehrenden Lebensstil verbündet hatte.

„Jim, was machst du, um Spaß zu haben?"

Die Frage schien ihn zu überraschen. „Was meinst du damit?"

„Was machst du, um Spaß zu haben? Was tust du, nur weil es dir Spaß macht?"

Er hielt einen langen Moment inne und warf mir dann einen verlegenen Blick zu. „Arbeiten, glaube ich."

Ich lächelte. „Wann ruhst du dich aus?"

Er sah mich an, als würde ich ihn in eine Falle führen. „Ich meine, meine Frau und ich schauen manchmal Filme an, und ich versuche, genug Schlaf zu bekommen."

„Jim, es ist nichts Schlechtes, Dinge gerne zu erledigen, aber es ist schlecht, wenn man dabei sich selbst und seinen Beziehungen schadet."

Er schaute zu Boden.

„Ich sage nicht, dass du in Schwierigkeiten bist oder dass etwas mit dir nicht stimmt oder so. Ich sage, dass du dir mit der Art und Weise, wie du lebst, schadest."

„Ich weiß, ich weiß. Ich muss nur durchkommen ..."

„Du bist seit zwei Monaten erschöpft."

Er ließ den Kopf in seinem Stuhl zurückfallen, als würde er es zum ersten Mal fühlen.

Ich fuhr fort: „Bei Ruhe geht es nicht nur darum, genug Schlaf zu bekommen. Es geht darum, dein Leben in einem Tempo zu leben, in dem du normalerweise voll statt normalerweise leer bist. Beim Spaß geht es nicht nur um Zerstreuung oder Unterhaltung. Es geht darum, Dinge zu tun, die man gerne tut, nur um sie zu tun, und nicht weil man dadurch etwas erreicht oder sich etwas erhofft."

Ich schlug Jim vor, er solle die Dinge, die ihm am wichtigsten waren, beibehalten, aber andere Dinge so lange aus seinem Leben streichen, bis er in der Lage war, ein Tempo einzuschlagen, in dem er einen Lebensstil von Spaß und Ruhe wahren konnte. Er versprach, sein Bestes zu tun.

Eine Woche später hakte ich nach. Jim hatte seinem Chef gesagt, er könne nur einen der neuen Mitarbeiter ausbilden, hatte die Leitung eines der Projekte des zweiten Jahres an einen anderen übergeben und sein Software-Projekt bis zum Ende der *Ministry School* auf Eis gelegt.

Die Stress- und Scham-Dämonen waren verschwunden, und der Egel-Dämon war auf die Größe eines Brotlaibs geschrumpft.

Nach ein paar weiteren Wochen hatte Jim begonnen, seine Kinder jeden Tag mit in den Park zu nehmen, und sie hatten mit der ganzen Familie einen Kurzurlaub am Strand verbracht. Er hatte wieder mit der Arbeit an seinem Buch begonnen, aber nur ein wenig am Abend. Als ich ihn nach seiner Rückkehr aus dem Urlaub sah, war der Blutegel-Dämon verschwunden.

*****

Ruhe und Spaß sind keine optionalen Bestandteile eines gesunden Lebens. Frieden und Freude sind beides eine Frucht des Geistes, eine Manifestation der verwandelnden Kraft Gottes in deinem Leben. Zeit zum Ausruhen zu finden und Spaß zu haben, gehören zu den praktischsten und effektivsten Wegen, um Frieden und Freude in deinem Leben zu schützen. Frieden und Freude sind wesentliche Bestandteile eines unzerstörbaren Lebens.

Ruhe ist nicht etwas, das wir tun, um die Erschöpfung zu lindern. Ruhe ist ein Standard. Es ist die Entscheidung, unseren Lebensrhythmus so zu gestalten, dass Frieden einer unserer wichtigsten Erfolgsmaßstäbe ist. Frieden und Ruhe sind keine Ausreden, um faul oder untätig zu sein, sondern sorgen für das richtige Tempo, damit wir unseren Lauf beenden können. Man kann viel erreichen, wenn man in einem erholsamen Tempo lebt. Tatsächlich kann man viel mehr erreichen, als man durch ein hektisches Leben erreichen kann.

Jim gelang es schließlich, bis zum Abschluss seines drittes Jahres an der *Ministry School* zwei Bücher zu Ende zu schreiben und zu veröffentlichen und seine Software fertigzustellen und freizugeben. Außerdem wurde er in seinem Hauptjob befördert. Dies gelang ihm dadurch, dass er nicht zuließ, dass die Versuchung, in einem rasanten Tempo zu leben, ihm den Frieden raubte, der ihn leitete. Er hat alles erreicht, was er vorhatte, ohne die Bedürfnisse seines Herzens und seiner Familie zu übergehen. Ein hektisches Leben kann uns dazu verleiten zu glauben, wir könnten mehr erreichen, obwohl wir dann letztlich aus verschiedenen Gründen weniger erreichen.

Lass uns zum Spaß einfach ein kleines Experiment machen. Zähle jetzt laut von eins bis sechsundzwanzig. Stoppe die Zeit, um zu sehen, wie lange es dauert. Dann sage das Alphabet von A bis Z auf und stoppe, wie lange das dauert. Nun wechselst du zwischen den beiden, sodass du „A, eins, B, zwei, C, drei" sagst und so weiter. Miss, wie lange es dauert, alle sechsundzwanzig Zahlen und Buchstaben aufzusagen. Unsere Gehirne sind nicht für Multitasking ausgelegt. Der Wechsel zwischen zwei verschiedenen Aufgaben kostet mehr Energie und bremst uns aus. Es fühlt sich jedoch hektischer an, was uns dazu verleiten kann, zu glauben, wir würden mehr erreichen, obwohl es in Wirklichkeit ganz anders ist.

Ein Leben mit Ruhe als Standard hilft uns zu erkennen, wann wir uns unser Wachstum und unsere Produktivität von einem hektischen Tempo beeinträchtigen lassen.

Spaß ist nicht dasselbe wie Zerstreuung, Unterhaltung oder Vergnügen. Spaß finden wir in Aktivitäten, die wir aus reiner Freude an der Sache machen, und nicht wegen der Ergebnisse, die wir uns davon versprechen. Die Bibel spricht ständig davon, dass die Freude ein grundlegender Teil des Reiches Gottes ist. Wir können nicht hoffen, die Freude in unserem Leben zu wahren, wenn wir dem Spaß keinen Raum geben.

Spaß sieht für jeden von uns anders aus. Einige haben Freude am Skifahren, Bergsteigen und Zelten. Einigen macht es Spaß zu puzzeln oder Brettspiele zu machen oder mit einem Freund über ihre Lieblingssendung zu diskutieren. Manche haben den größten Spaß, wenn sie mit einem guten Buch in der Hand am Strand liegen, mit Freunden Basketball spielen oder eine Landschaft malen. Spaß ist zutiefst geistlich; er schützt und nährt die Freude.

Ich habe so viele Christen erlebt, die dazu verleitet wurden, eine Mentalität aufzubauen, in der sie Ruhe und Spaß als verschwenderisch und falsch ansehen. Dies ist eine schreckliche Falle. Ein Leben ohne Ruhe und Spaß macht mit deiner Seele das, was ohne Essen und Schlaf mit deinem Körper passiert: Es führt zu Erschöpfung, schafft Verwirrung und schwächt dein Immunsystem. Hat man regelmäßige Zeiten der Ruhe und des Spaßes in sein Leben eingebaut, schützt das den Frieden und die Freude. Es hält deine Seele gesund und heil und öffnet dein Herz und deine Ohren für die Stimme Gottes.

Jesus hat uns dies vorgelebt. Es wird mehrmals berichtet, dass Jesus sich Zeit zum Ausruhen und Beten nahm, auch wenn andere seine Zeit in Anspruch nehmen wollten. Auch Gott hat uns dieses Bedürfnis seit Anbeginn der Zeit vorgelebt. Gott, der unendliche und allmächtige Gott, nahm sich einen Tag der Ruhe, nachdem er die Welt und alles in ihr geschaffen hatte. Er machte diesen Ruhetag sogar zu einem Teil der Kultur seines auserwählten Volkes. Er baute in diese Kultur auch mehrere jährliche Feste und Feiertage ein, die häufig auch Tage der Freude und des Spaßes miteinschließen.

Gott ist der Urheber der Freude und des Friedens. Dies sind nicht nur abstrakte Gefühle oder Tugenden, sondern Aspekte seines Wesens, die sich durch seine Kinder offenbaren sollen. Wir können das Wesen Gottes nicht vollständig offenbaren, ohne ein Leben zu führen, in dem es Raum für Ruhe und Spaß gibt.

Die folgenden Ressourcen können dir helfen, in diesem Bereich zu wachsen:

- *Strengthen Yourself in the Lord* von Bill Johnson
- *Nein sagen ohne Schuldgefühle* von Dr. Henry Cloud und Dr. John Townsend
- *Play: How It Shapes the Brain, Opens the Imagination, and Invigorates the Soul* von Stuart Brown, MD, mit Christopher Vaughan (Anmerkung für den Leser: Dieses Buch wurde von einem Arzt geschrieben, der seine Berufszeit damit verbracht hat, die psychologischen Auswirkungen von Spaß und Spiel zu untersuchen. Es ist nicht aus einer christlichen Perspektive

geschrieben, aber voller großartiger Erkenntnisse darüber, dass Gott uns so gestaltet hat, dass wir Freude, Spaß und Spiel brauchen).

Baue deine Gemeinschaft von Freunden auf

Es hat mich sehr begeistert, dieses Kapitel zu schreiben, denn während andere Aspekte der geistlichen Kampfführung eher grundlegend sind, erlebe ich, dass in diesen drei Bereichen die meisten Angriffe durchkommen. Dies sind auch die Bereiche, in denen ich, wenn sie korrigiert werden, einige der tiefgreifendsten Veränderungen im Leben der Menschen sehe.

Gott hat uns dazu bestimmt, ein erfülltes und vollständiges Leben zu wollen und zu brauchen. Er hat uns so konzipiert, dass wir mehrere Ebenen von Freunden brauchen, dass wir Frieden und Ruhe brauchen und dass wir uns nach Spaß und Freude sehnen. Wir sind dazu bestimmt, dass wir gemeinsam essen, gemeinsam spielen, gemeinsam spazieren gehen, einander Witze erzählen, gemeinsam weinen, gemeinsam leben und gemeinsam träumen. Diese Dinge geben uns die Möglichkeit, von dem, was Gott im Leben anderer tut, zu profitieren und aus dem Überfluss unserer eigenen Beziehung zu ihm etwas weiterzugeben.

Gemeinschaft ist nicht etwas, das man findet. Es geht nicht darum, Menschen zu finden, die man mag oder mit denen man sich leicht verbinden kann. Gemeinschaft ist etwas, das man bewusst aufbaut. Gemeinschaft ist nicht nur eine Gruppe von netten Leuten, die die richtige Anzahl von Potlucks, Picknicks, Softball-Turnieren und Weihnachtsfeiern durchführen. Gemeinschaft entsteht aus den Beziehungen, die du mit den Menschen in deinem Umfeld knüpfst – Beziehungen, die du auswählst, aufbaust, pflegst und wachsen lässt.

Der Aufbau einer gesunden und blühenden Gemeinschaft um dich herum ist mit vielen Aspekten und Nuancen verbunden. Es ist eine Kunst, die man über eine große Anzahl von Jahren lernt, aber ich habe festgestellt, dass Freundschaften aufzubauen, die Ruhe zu schützen und Spaß zu haben eine Umgebung schafft, in der Gemeinschaft wachsen kann. Lass dich bitte nicht vom Feind dazu verleiten, Gemeinschaft als unwichtig oder zweitrangig zu betrachten. Ich erlebe, dass die Pläne und Angriffe des Feindes in die Binsen gehen, wenn sie sich gegen Menschen richten, die gesunde Freundschaften pflegen, sich Ruhe gönnen und gerne Spaß haben. Diese drei Dinge schaffen Raum dafür, dass sich das Licht Gottes in deinem Leben offenbart und in deine Umgebung hineinscheint. Die Tricks und Lügen des Feindes können in diesem Licht einfach nicht bestehen.

Kapitel 13

Dynamik

... um des Herrn würdig zu wandeln zu allem Wohlgefallen, fruchtbringend in jedem guten Werk und wachsend durch die Erkenntnis Gottes.

Kolosser 1,10

König David ist berühmt für seine Vertrautheit mit Gott. Seine Psalmen gehören zu den schönsten und poetischsten Bildern, wie die Verbindung mit dem Vater aussehen kann. David ist auch für seine heldenhaften Männer berühmt. Sie kamen aus unterschiedlichen Hintergründen und scharten sich um ihn, als er vor dem mörderischen König Saul floh. Berühmt ist auch die Freundschaft Davids mit Sauls Sohn Jonathan, die so eng war, dass Jonathan bereit war, für David sein Recht auf das Königreich aufzugeben.

Davids Leben war auf der Vertrautheit mit Gott gegründet. Er wusste, wie man eine Gemeinschaft aufbaut, sowohl mit seinen mächtigen Männern als auch in seiner engen Beziehung zu Jonathan. David war ein großartiger Mann, ein Mann nach Gottes Herzen, aber es gab eine Zeit in seinem Leben, in der er einige Entscheidungen traf, die nicht seinen normalen Charakter widerspiegelten.

Und es geschah bei der Wiederkehr des Jahres, zur Zeit, wenn die Könige ins Feld ausziehen, da sandte David Joab und seine

Knechte mit ihm und ganz Israel aus. Und sie verheerten das Land der Söhne Ammon und belagerten Rabba. David aber blieb in Jerusalem. Und es geschah zur Abendzeit, dass David von seinem Lager aufstand und sich auf dem Dach des Königshauses erging. Da sah er vom Dach aus eine Frau baden. Die Frau aber war von sehr schönem Aussehen (2 Sam 11,1-2).

Die meisten von euch wissen wahrscheinlich, dass die Frau, die er beim Baden sah, Batseba war. David ging eine ehebrecherische Beziehung mit ihr ein, die schließlich zu seiner Verschwörung führte, ihren Mann töten zu lassen – eine der dunkelsten Zeiten in Davids Leben.

Auch wenn man vielerlei aus dieser Geschichte lernen kann, möchte ich mich auf einen kleinen Teil konzentrieren, der einen wichtigen Aspekt veranschaulicht. Der Anfang der Geschichte besagt, dass David während der Zeit, als die Könige in den Krieg zogen, zu Hause blieb und einen seiner Männer an seiner Stelle schickte. David war sowohl Krieger als auch König. Seine Siege auf dem Schlachtfeld waren ebenso Teil seiner Beziehung zu Gott wie seine Siege im Lobpreis.

Obwohl David unabhängig von den Umständen für seine Entscheidungen verantwortlich war, glaube ich, dass diese Geschichte zwei Dinge veranschaulicht: eine Verwundbarkeit, die der Feind auch bei anderen ausgenutzt hat, und einen weiteren Schlüssel zum Aufbau eines unzerstörbaren Lebens.

Wir alle aber schauen mit aufgedecktem Angesicht die Herrlichkeit des Herrn an und werden so verwandelt in dasselbe Bild von Herrlichkeit zu Herrlichkeit, wie es vom Herrn, dem Geist, geschieht (2 Kor 3,18).

Wir werden mit zunehmender Herrlichkeit in Gottes Bild verwandelt. Wir sind dazu bestimmt, von Herrlichkeit zu Herrlichkeit zu leben. Wir sind so konzipiert, dass wir Dynamik und Wachstum brauchen.

David hatte ein Leben von Herrlichkeit zu Herrlichkeit geführt, das sogar auf seiner Flucht vor Saul florierte. Sein Leben hatte eine unglaubliche, von Gott gegebene Dynamik. Ich halte es nicht für einen Zufall, dass Davids größter Fehler passierte, als er jemand anderen schickte, um das zu tun, wozu er bestimmt war.

Vielleicht denkst du jetzt: „Aber Moment mal, du hast mir doch erst im letzten Kapitel gesagt, ich solle mich ausruhen. Jetzt sagst du mir, es sei falsch gewesen, dass David zu Hause geblieben ist und sich ausgeruht hat?" Hier liegt eine der großen Spannungen beim Aufbau eines unzerstörbaren Lebens. Wir sind dazu bestimmt, ein Leben in einem ruhigen Tempo zu führen, aber wir sind auch dazu bestimmt, ständig von Herrlichkeit zu Herrlichkeit fortzuschreiten. Wir brauchen Siege; denn ohne sie vergessen wir leicht, wer wir sind. Ich glaube zwar nicht, dass es prinzipiell falsch war, dass David von der Schlacht zu Hause geblieben ist, aber ich glaube, dass man viel leichter vergisst, wer man ist, wenn man nicht der ist, der man ist.

Hier folgen ein paar Geschichten darüber, wie wir die Herrlichkeit-zu-Herrlichkeit-Dynamik in unserem Leben schützen und die Siege erringen können, die uns daran erinnern, wer wir sind.

Siege

Nachdem meine Frau und ich einige Jahre verheiratet waren, arbeitete ich als Vertriebsmitarbeiter für ein medizinisches Abrechnungsunternehmen. Ich war überhaupt nicht gut darin. Ich telefonierte täglich etwa hundert Mal mit Krankenhäusern und Arztpraxen und versuchte, einen Manager aus der Buchhaltung oder der Geschäftsleitung zu erreichen. Während eines Tages kam ich normalerweise viermal zur richtigen Person, und die Hälfte davon konnte ich überzeugen, ein Treffen mit einem unserer leitenden Vertriebsmitarbeiter zu vereinbaren, um über den Einkauf unserer Dienstleistungen zu sprechen.

Einhundert Anrufe, vier Verkaufsgespräche, zwei Termine: So war es an jedem Arbeitstag.

Der Vertrieb war nicht meine Stärke, und die Arbeit machte mir so gut wie keine Freude. Aber unser erstes Baby war gerade geboren worden, und der jetzige Job wurde besser bezahlt als mein voriger. Das Unternehmen war noch relativ neu und musste noch seine Gesamtidentität finden. Sie änderten mehrmals die

Vergütungsstruktur für das Vertriebsteam, was alle frustriert und nervös machte.

Schon bald begann ich mich jeden Morgen deprimiert und überfordert zu fühlen, sobald ich an meinem Schreibtisch saß. Jeder unbeantwortete Telefonanruf fühlte sich wie ein kompletter Misserfolg an. Jedes abgelehnte Verkaufsgespräch fühlte sich wie ein persönlicher Angriff an. Schon bald begann dies meine Arbeit zu beeinflussen. Ich tätigte weniger Anrufe und machte weniger Umsatz. Einmal machte ich drei Tage hintereinander überhaupt keine Anrufe. Ich starrte nur auf die Wand meiner Kabine.

Mein Vorgesetzter überprüfte meine Telefonaufzeichnungen und konfrontierte mich am dritten Tag damit. Er sagte mir, ich sei besser als das. Er sagte, er verstehe, warum ich eine schwere Zeit durchmache, aber ich müsse mich trotzdem um meine Verpflichtungen kümmern, auch wenn das Unternehmen durch eine Durststrecke gehe. Er gab mir eine zweite Chance. Er war ein freundlicher und guter Mann.

Ich ging zurück an meinen Schreibtisch und hatte das Gefühl, gerade aus einer Benommenheit aufgeweckt worden zu sein. Zum ersten Mal dachte ich darüber nach, im Geist zu schauen, um zu sehen, was los war.

In der hinteren Ecke des Büros sah ich einen Dämon. Er hatte vage die Größe und Form einer Person, war aber bauchig und klumpig. Er war mit vielen Häufchen von flockigem Schimmel und Pilzen bedeckt. Er seufzte alle paar Minuten, als er so zusammengesunken in der Ecke saß und eine Sporenwolke in die Luft schickte. Ich spürte, wie eine vertraute Welle schläfriger Niedergeschlagenheit über meinen Körper schwappte.

Ich kniff die Zähne zusammen gegen das Gefühl, schmiss mich in meinen Stuhl zurück und zog meine Kontaktliste heraus, entschlossen, die Niedergeschlagenheit nicht gewinnen zu lassen. Ich erledigte an diesem Tag den Rest meiner Anrufe und wehrte mich gegen die Schwere.

Als ich an diesem Abend nach Hause kam, startete ich meinen Computer. Ich wusste, dass ich ein Buch über die Gabe des Sehens im Geist schreiben wollte. Ich hatte jahrelang krampfhaft daran gearbeitet, aber irgendetwas an dem, was früher an diesem Tag geschehen war, hatte ein Feuer in meinem Herzen entfacht. Ich setzte mich hin und schrieb, bis ich die Augen nicht mehr offenhalten konnte.

Ich schrieb einen Monat lang jede Nacht und überwand die depressive Welle, die ich bei der Arbeit empfand. Schon bald begann ich in meinen Arbeitspausen zu schreiben, indem ich während des Mittagessens ein paar Sätze auf einem Notizblock notierte. Eines Tages, als ich dies gerade tat, schaute ich hoch und sah im Geist eine Blase aus Feuer um mich herum. Ich schaute hinüber in die Ecke. Der Dämon der Depression war immer noch da und seine Sporen verbreiteten sich noch immer im ganzen Raum, aber alle Sporen, die in meine Nähe kamen, wurden von der Feuerblase verbrannt.

Das Unternehmen änderte unsere Vergütungsstruktur noch zweimal, ebenfalls zweimal, was wir verkauften, und machte dann schließlich dicht. Trotz all dieser Turbulenzen schrieb ich abends und in den Pausen weiter, immun gegen die Depression, die mich zuvor so schwer beeinflusst hatte. Kurz danach stellte ich mein erstes Buch, *Durch den Schleier sehen,* fertig und veröffentlichte es und mir wurde eine Stelle als Ghostwriter angeboten.

*****

Menschen haben ein eingebautes Bedürfnis nach Erfolg. Wir brauchen etwas, das wir gut machen, um einen wertvollen Beitrag für unsere Umgebung und unsere Gesellschaft zu leisten. Wir brauchen es, bedeutend zu sein. Dieses Bedürfnis kann zwar so verdreht werden, dass wir egoistisch, machthungrig und ungesund leistungsorientiert sind, aber es ist ein von Gott geschaffenes Bedürfnis. Die Bibel sagt, dass wir mehr als Überwinder sind. Wir fühlen uns nicht in Übereinstimmung mit unserer Königreichs-Identität, wenn wir nicht erobern.

Viele Menschen, denen ich begegne, fühlen sich in diesem Bereich festgefahren und sind sich nicht sicher, welche Richtung sie einschlagen und was sie erobern sollen. Es gibt tausende von

Selbsthilfebüchern darüber, wie man eine Karriere finden, seine Karriere ändern oder ein Unternehmen aufbauen kann. Ich bin mir zwar sicher, dass viele von ihnen gute Informationen enthalten, doch ergibt sich meiner Erfahrung nach die beste Orientierung aus unserer Beziehung zu Gott und wird durch unsere Gemeinschaft verstärkt.

Gott hat dich dazu bestimmt, von Herrlichkeit zu Herrlichkeit zu leben, um in bestimmten Lebensbereichen erfolgreich und begabt zu sein. In der Vertrautheit mit ihm wird er dir offenbaren, welche Teile seines Wesens er in dich hineingelegt hat. Wie die Bibel sagt, ist es das Anschauen seiner Herrlichkeit, die uns in sein Bild verwandelt.

Wenn du gesunde und tiefe Freundschaften aufbaust, werden deine Freunde Dinge in dir sehen, die du in dir selbst nie gesehen hättest. Sie werden mit dir zusammenarbeiten und dir helfen, die Verbindungen zu finden, die du für ein erfülltes, siegreiches Leben benötigst.

Es mag selbstverständlich erscheinen, aber das, was dir Spaß macht, hilft dir zu erkennen, was du gern machst. Das Schreiben hat mir immer Spaß gemacht. Hätte ich es nicht aus Spaß getan, hätte ich vielleicht nicht gewusst, dass ich das Schreiben zum Beruf machen wollte, und ich hätte nie die Übung bekommen, die ich brauchte, um gut genug darin zu werden.

Siegreich zu leben bedeutet nicht nur, frei von den Angriffen des Feindes zu leben, sondern an der Freisetzung von Gottes Güte auf der Erde beteiligt zu sein.

Die folgenden Ressourcen können dir helfen, in diesem Bereich zu wachsen:

- *Victorious Mindsets* von Steve Backlund
- *Träume mit Gott* von Bill Johnson
- *Garden City: Work, Rest, and the Art of Being Human* von John Mark Comer

Schulung und Zurüstung

Vor einigen Jahren predigte ich an einem Sonntagmorgen in *Bethel Atlanta,* unserer Gemeinde. Gleich nach der Predigt kam ein Mann Mitte fünfzig auf mich zu und stellte sich vor. Sein Name war Rob. Er dankte mir für die Botschaft und erzählte ein wenig über seinen Hintergrund.

Rob war zwanzig Jahre lang Pastor einer Gemeinde im Bundesstaat New York gewesen. Leider hatte ihn der Gemeindevorstand nach dem Scheitern seiner Ehe entlassen. Er beklagte den Verlust seiner Gemeinde, gab aber auch zu, dass es eine Erleichterung gewesen sei.

„Weißt du, so etwas, wie ihr hier habt, hatten wir nicht", fuhr er fort. „Wir hatten nicht den Heiligen Geist, nur Regeln. Wir hatten keine leidenschaftlichen jungen Leute wie ihr. Und wir wussten nicht, dass wir Gottes Stimme hören und für die Heilung der Kranken beten konnten." Er ließ einen Seufzer heraus. „Aber besser spät als nie, schätze ich. Es fällt mir allerdings schwer, darüber nachzudenken, was ich mit all den vergeudeten Jahren hätte tun können."

„Du hast aber noch viele Jahre vor dir", sagte ich und gab ihm einen kräftigen Klaps auf den Rücken.

Er lachte. „Sicher. Aber ich werde sie alle nutzen müssen, um Leute wie dich einzuholen."

Ich lachte im Gegenzug. „Ich weiß nicht. Gott ist ziemlich gut darin, die Zeit wettzumachen."

Ich hielt einen Moment inne und bemerkte, dass sich ein Engel hinter ihn stellte. Er war groß, hatte breite Schultern und hielt eine große Holzkiste in den Händen. Ein Vorhängeschloss, das an der Vorderseite der Kiste hing, fiel mir auf. Das Schlüsselloch änderte sich, wechselte von einer Form zur anderen.

„Hast du schon einmal daran gedacht, in unsere *Ministry School* zu gehen?" Die Worte rutschten mir so heraus, bevor ich merkte, was ich sagte.

Er neigte den Kopf. „Ich weiß nicht. Ein alter Kerl wie ich, der mit einem Haufen junger Leute im Unterricht sitzt ..." Seine Worte verhallten.

„Alter Kerl?", wiederholte ich. „Natürlich gibt es viele junge Leute, die die Schule besuchen, aber wir haben alle möglichen Arten von Schülern. Wir hatten schon Leute in ihren Achtzigern, die die Schule durchlaufen haben." Ich schüttelte den Kopf und fühlte mich ein wenig verlegen. Ich tendiere nicht dazu, Leute zu drängen, zur Schule zu kommen, aber etwas an dem Engel brachte mich dazu, dranzubleiben. „Ich weiß nicht, aber ich glaube, Gott hat da vielleicht etwas für dich."

Während ich sprach, nahm das Schlüsselloch des Vorhängeschlosses eine vertraute Form an: das Logo unserer *Ministry School*.

Er lächelte mich an. „Ich werde darüber nachdenken."

Ein paar Monate später sah ich ihn in der ersten Reihe der *Bethel Atlanta School of Supernatural Ministry* sitzen. Der Engel stand hinter ihm, die Kiste in der Hand.

Unsere *Ministry School* ist eine Kombination aus Training und Zurüstung. Die Schüler lernen, Gottes Stimme zu hören, bei Kranken Heilung freizusetzen und in den Gaben des Geistes zu wirken. Sie lernen auch, eine intime und wachsende Beziehung zu Gott aufzubauen, ihre Identität in Christus zu entdecken und sich darauf vorzubereiten, in ihre von Gott gegebene Bestimmung einzutreten.

Weil jeder Mensch einzigartig ist, ist auch der Weg eines jeden Menschen durch die Schule einzigartig. Mit ein Grund, weshalb ich dort seit fast zwölf Jahren unterrichte, liegt in der Freude, die ich empfinde, wenn ich beobachte, was Gott tut, wenn Menschen sich eine Zeit lang darauf konzentrieren, ihre Beziehung zu Gott zu vertiefen. Ihre Erfahrungen sind alle einzigartig schön, und bei Rob war es nicht anders.

Während der Anbetung am ersten Abend des Schuljahrs sprang Robs Kiste auf. Der Engel griff hinein und zog ein vollwertiges, anatomisch korrektes menschliches Herz heraus. Das Herz schlug, aber bei genauerem Hinsehen sah ich, dass es schmutzig war und an mehreren Stellen Prellungen und Schnitte hatte.

Die Gegenwart Gottes erfüllte den Raum wie eine große weiße Wolke, eine Reaktion auf die anbetenden Studenten. Ich sah zu, wie ein Teil der Wolke herunterwirbelte und sich um das verletzte Herz wickelte. Die Flecken und der Schmutz waren in wenigen Augenblicken verschwunden und kurz darauf auch die Schnitte und Prellungen. Innerhalb weniger Augenblicke war das Herz ganz heil.

Der Engel trat vor und drückte das Herz auf Robs Brust. Es schlüpfte in seinen Körper und verschwand wie ein Tröpfchen in einer Pfütze. Später an diesem Abend erzählte mir Rob, der Herr habe während des Gottesdienstes mit ihm über die Geschehnisse zwischen ihm und seiner Frau gesprochen. Er sagte, es sei das erste Mal gewesen, dass er wirklich darüber hatte beten können. Als die Ehe auseinandergebrochen war, hatte er sich so machtlos gefühlt, als sei dadurch etwas mit ihm geschehen, bei dem er nichts zu sagen hatte. Es war das erste Mal, dass er wirklich fühlen konnte, was geschehen war, und die Heilung, die Gott dafür hatte, empfangen konnte.

Ein paar Monate später sah ich den Engel während einer unserer Prophetiekurse wieder in Robs Kiste greifen. Der Engel zog eine Brille und ein Buch heraus. Er ging zu Rob hinüber, setzte ihm die Brille auf und legte ihm das Buch in den Schoß.

Wir führten im Laufe des Abends einige Aktivierungen und Übungen durch. Auch hier erfüllte die Gegenwart Gottes den Raum wie eine Wolke. Diesmal bewegte sie sich direkt auf Rob zu und ging durch die Brille in seine Augen. Sofort schlug sich das Buch in seinem Schoß auf, und ich sah, wie sich Buchstabenstränge von der Seite ablösten, sich in die Luft erhoben und in seine Augen schwebten, so wie die Wolke es getan hatte.

Rob kam nach dem Kurs zu mir gerannt, um mir zu sagen, dass er gerade zum ersten Mal ein prophetisches Wort für jemand anderen bekommen habe.

„Weißt du, ich hatte schon einmal einen Kurs in der Gemeinde gemacht und konnte einfach nichts bekommen. Es war alles durcheinander. Aber dieses Mal hatte ich ein klares Bild vor meinem geistlichen Auge, und dann kam eine Interpretation, einfach so. Er schnippte mit den Fingern.

Bald schon gab Rob täglich prophetische Worte an andere Schüler weiter.

Während seiner Zeit an der *Ministry School* habe ich Dutzende Dinge aus Robs Kiste kommen sehen: eine Krone, die Autorität repräsentierte, eine Medaille, die die Ehre darstellte, die der Herr ihm für seine jahrelangen Dienste als Pastor erwies – viele schöne Dinge. Aber das aus meiner Sicht Beste kam gegen Ende des Jahres.

An einem Montagabend waren wir mitten in der Anbetung, und wieder einmal erfüllte die Gegenwart Gottes den Raum wie eine Wolke. An diesem Abend war die Anbetung besonders intensiv. Mehrere Schüler tanzten quer durch den Raum, aber Rob stand still hinten im Raum.

Rob war in der Anbetung nie die ausdrucksstärkste Person gewesen, deshalb dachte ich nicht viel darüber nach, bis ich den Engel auf seine Kiste zugehen sah. Diesmal zog er einen niedrigen Tritthocker aus Plastik heraus, so wie man ihn vor ein Waschbecken stellt, damit ein Kleinkind den Wasserhahn erreichen kann. Etwas verwirrt beobachtete ich, wie der Engel auf Rob zuging und den Hocker direkt vor ihn hinstellte.

Die Anbetung ging noch mehrere Minuten weiter, wobei Rob immer noch an Ort und Stelle stand. Dann machte er, ohne einen mir ersichtlichen Grund, zwei feste Schritte nach vorn. Mir fielen fast die Augen aus dem Kopf, während mein Gehirn den Unterschied zwischen dem, was ich im Natürlichen sah und dem, was ich im Geist sah, in Einklang zu bringen versuchte. Im Natürlichen stand Rob zwei Schritte von der Stelle entfernt, an der er zuvor gestanden hatte. Im Geist war Rob zwei Schritte auf den Hocker vor ihm gestiegen, wobei jeder Schritt sein Aussehen um zwanzig Jahre verjüngte. Im Geist sah ich eine zehn Jahre alte Version von Rob auf einem Hocker stehen.

Als ob sie darauf gewartet hätte, sah ich, wie sich die Wolke der Gegenwart Gottes vor dem Kind Rob bewegte und dichter wurde. Sie wurde immer dichter, bis ich nicht mehr durch sie hindurchsehen konnte. Dann tauchte Jesus aus der Wolke auf.

Ich habe schon einige Male Visionen von Jesus gesehen – ein paar davon finden sich in meinen früheren Büchern –, und dieses Mal sah er ziemlich genau so aus wie zuvor. Er sah aus wie ein dreißigjähriger jüdischer Mann; seine Erscheinung war schlicht, abgesehen von dem unbeschreiblichen Ausdruck von Freundlichkeit und Liebe, der auf seinem Gesicht leuchtete.

Er nahm das Robs Gesicht in seine Hände und küsste ihn auf die Stirn. Dann stand er ein paar Minuten lang und schaute Rob tief in die Augen, was durch den Hocker erleichtert wurde. Dann begann er zu sprechen. Obwohl ich nicht hören konnte, was er sagte, las ich Jesu Lippen, als er Rob weiterhin in die Augen blickte und immer wieder sagte: „Ich liebe dich, mein Sohn".

Der natürliche Rob fiel auf die Knie, Tränen flossen ihm über das Gesicht. Das Kind Rob fiel in Jesu Arme und weinte genauso heftig. Sie blieben dort in dieser Haltung noch lange nach dem Ende der Anbetung stehen. Fast eine Stunde später, die Augen noch immer von Tränen gerötet, packte Rob mich an der Schulter, als er sich im Toilettenraum frisch machen wollte, und flüsterte: „Ich weiß nicht, ob mir jemals wirklich klar war, dass Gott mich liebt." Er schluckte an einer neuen Ladung Tränen. „Aber jetzt weiß ich es. Jetzt weiß ich es."

Zum zweiten Schuljahr kam Rob nicht mehr. Er und seine Ex-Frau hatten einige Monate nach Beginn seines ersten Schuljahres wieder miteinander gesprochen. Sie beschlossen, kurz nach Robs Abschluss des ersten Jahres wieder zu heiraten und sind bis heute verheiratet.

*****

Wenn man einem unendlichen Gott dient, ist eines der schönsten und herausforderndsten Dinge, dass es immer mehr gibt. Mehr Vertrautheit, mehr Gegenwart, mehr Freiheit, mehr Durchbruch, einfach mehr. Du kannst die Vertrautheit mit Gott allein aufbauen, indem du Zeit mit ihm verbringst. Du kannst Gemeinschaft selbst aufbauen, indem du dich nach Verbindungen und Freundschaften ausstreckst. Aber es ist viel einfacher, schneller mehr von diesen Dingen zu bekommen, wenn du dich in einer Umgebung befindet, die darauf ausgerichtet ist, dich zu schulen und dich zuzurüsten.

Das ist nicht auf solche *Ministry Schools* beschränkt. Robs Kiste war nicht voll von den Dingen, die die Schule ihm geben konnte;

sie war voll von den Dingen, die Gott ihm geben wollte. Ich glaube, dass das Schlüsselloch in jenem Vorhängeschloss sich ständig änderte, weil es mehr als einen Weg gab, die Kiste zu öffnen. Vielleicht hätte Rob in einer Kleingruppe für Männer, auf einer Konferenz oder in einem Hauskreis auf das zugreifen können, was Gott für ihn hatte. Es musste nicht über unsere *Ministry School* kommen.

Wichtiger war, dass Rob einen Ort fand, an dem er geschult und zugerüstet werden konnte, um in seinem Leben mit Gott zu wachsen. Er wählte einen Ort, an dem er von anderen Menschen umgeben war, die dasselbe taten. Das Ergebnis war ein Jahr, das den Rest seines Lebens verwandelte.

Die folgenden Ressourcen können dir helfen, in diesem Bereich zu wachsen:

- *Basis Training für den prophetischen Dienst* von Kris Vallotton
- *The Call for Revivalists* von David Edwards

Unzerstörbar leben

Es mag schwer zu glauben sein, dass wir wirklich ein unzerstörbares Leben führen können. Ich habe nicht immer daran geglaubt. Im Laufe der Jahre habe ich beobachtet, wie ein Mensch nach dem anderen durch die Taktik und die Fallen des Feindes gebeutelt wurde, und ich fühlte mich machtlos, etwas dagegen zu tun. Nach einer Weile fiel mir jedoch auf, dass nicht jeder in gleicher Weise von diesen Angriffen betroffen war. Die Dämonen versuchten ihr Bestes, um alle zu beeinflussen, aber ich merkte bald, dass ihre Angriffe bei einigen Menschen einfach keine Wirkung zeigten, obwohl sie versuchten, diese genauso anzugreifen wie alle anderen.

Nach dreißig Jahren des Beobachtens und Lernens habe ich erkannt, dass diese drei Kategorien – Vertrautheit mit Gott, Gemeinschaft und Dynamik – die beständigsten und wirkungsvollsten Faktoren für ein unzerstörbares Leben sind. Die Entwicklung der Vertrautheit mit Gott ist das absolute Fundament unseres Lebens. Wenn wir auf einer anderen Grundlage aufbauen, werden wir weniger stabil und sicher sein. Unsere Gemeinschaft schafft ein Umfeld, das unser Leben in ihm stärkt und schützt. Wenn wir dies ignorieren, und den Feind Keile zwischen uns und andere Menschen treiben lassen, uns zu einem hektischen Lebensstil verleiten lassen oder vergessen, dass wir die Freude bewahren sollen, macht es uns verwundbar für die Lügen und Angriffe des Feindes. Wenn wir eine Dynamik haben, Siege erringen und kontinuierlich wachsen, stellt das sicher, dass wir niemals nachlässig werden oder stagnieren. Diese Dinge schaffen eine Umgebung, die den Plänen des Feindes entgegenwirkt. Sie kippen das Wasser aus unseren Plantschbecken, damit die Mücken keinen Platz zum Brüten haben.

Erinnerst du dich noch an die Geschichte aus der Einführung dieses Buches – als ein großer dämonischer Fürst sich herabstürzte, um einige Kinder aus der Jugendgruppe anzugreifen? Dieser Fürst war darauf ausgerichtet, Trennung und Zerstörung in das junge Leben dieser Mädchen zu bringen. Er wollte sie dazu bringen, ihre Eltern zu hassen, sich in Zyklen von Apathie und Depression zu verfangen, an den destruktivsten Orten Trost und Hilfe zu suchen und jeden Teil ihres Lebens zu zerstören.

Wenn ich jetzt zurückblicke, verstehe ich, warum dieser Fürst völlig unfähig war, diese beiden Mädchen anzugreifen. Ich weiß noch, wie ihr Leben aussah. Ihre Eltern hatten sich um den Aufbau starker Beziehungen zu ihnen bemüht. Beide waren in unserer Jugendgruppe sehr engagiert, und beide hatten ihre Beziehung zu Gott eigenständig aufgebaut. Sie waren eng miteinander befreundet und hatten mehrere andere enge Verbindungen innerhalb und außerhalb der Kirche. Sie hatten gute Noten in der Schule, hatten aber auch viel Zeit für Ruhe und Spaß. Ob sie es bewusst oder aufgrund der Führung ihrer Eltern getan hatten, diese Mädchen hatten sich ein unzerstörbares Leben aufgebaut. Dieser Fürst konnte das Licht, das durch sie hindurchschien, nicht überwinden.

Ich möchte klarstellen, dass „unzerstörbar" nicht bedeutet, frei von Problemen und frei von Schmerzen zu sein. Jesus lebte ein vollkommenes Leben und erlebte trotzdem Kummer, Verrat und Schmerz. Unzerstörbar zu sein, hilft dir zu wissen, wie man unnötige Stürme vermeidet und sich in denjenigen zurechtfindet, durch die man hindurchmuss. Unzerstörbar zu sein, bedeutet, dass du sowohl weißt, wie du mit dem Herrn durch Leid gehen kannst, als auch, dass du deine Gemeinschaft von Freunden in Anspruch nehmen kannst, um dir zu helfen, es zu überwinden. Unzerstörbar zu sein, bedeutet, dass du weißt, wie man in der Wüste Wasser findet, in einem Schneesturm ein Feuer macht und einen guten Unterschlupf erkennt. Unzerstörbar zu sein, bedeutet, ein Leben aufzubauen, das frei vom Einfluss des Feindes ist und in der Einflussnahme Gottes verwurzelt ist.

Aber unzerstörbar zu werden, ist noch nicht das Ende der Geschichte.

TEIL IV

Die Siegerseite

Dies habe ich zu euch geredet, damit ihr in mir Frieden habt. In der Welt habt ihr Bedrängnis; aber seid guten Mutes, ich habe die Welt überwunden.

Johannes 16,33

Jesus hat am Kreuz den absoluten Sieg errungen. Alle Autorität im Himmel und auf der Erde liegt in seinen Händen. Dieser Sieg war nicht abstrakt, nicht konzeptuell, sondern konkret, ergreifend und dauerhaft. Bisher haben wir darüber gesprochen, wie wir ein Leben aufbauen können, das den Sieg Jesu offenbart, ein Leben, das unzerstörbar ist gegenüber den Angriffen des Feindes. Jesus hat unser Recht, geschützt und frei zu leben, erworben, aber das ist nicht alles, was er für uns erworben hat.

Zu Beginn von Teil 3 dieses Buches habe ich eine Geschichte über Moskitos in einem Plantschbecken verwendet, um zu erklären, wie geistliche Kampfführung funktioniert. Ich hatte alle

Stechmücken im Schwimmbad mit einer starken Dosis Bleichmittel getötet, aber da ich das Umfeld, das es ihnen ermöglichte, dort zu sein, nicht veränderte, dauerte es nicht lange, bis sie zurückkamen. Am Ende von Teil 3 sprachen wir darüber, wie wir unser Lebensumfeld so umgestalten können, dass es resistent gegen die Pläne und Angriffe des Feindes wird.

Wie ich bereits sagte, ist dies die effektivste und dauerhafteste Form der geistlichen Kampfführung, die ich kenne. Es ist leicht einzusehen, dass dies für die persönliche geistliche Kampfführung gilt, da wir für unser eigenes internes Umfeld verantwortlich sind. Aber wie können wir das in unserem externen Umfeld anwenden – unserem Wohnviertel, unseren Schulen, Städten und Ländern? Wie können wir hoffen, ein Umfeld zu verändern, für das wir nicht zuständig sind? Wie können wir hoffen, auch nur die geringste Wirkung zu erzielen, wenn so viele Menschen mit so vielen verschiedenen Ansichten, Werten und Zielen zum Gefüge unseres geistlichen Ökosystems beitragen?

Wie? Es ist eigentlich ziemlich einfach.

Kapitel 14

Brunnen der Erweckung

... wer aber von dem Wasser trinken wird, das ich ihm geben werde, den wird nicht dürsten in Ewigkeit; sondern das Wasser, das ich ihm geben werde, wird in ihm eine Quelle Wassers werden, das ins ewige Leben quillt.

Johannes 4,14

Vor einigen Jahren, als ich im zweiten Jahr an der *Bethel School of Supernatural Ministry* in Redding in Kalifornien studierte, besuchte ich dort einen Sonntagabend-Gottesdienst in der *Bethel Church*. Einige Minuten nachdem die Predigt angefangen hatte, hatte ich plötzlich das Gefühl, ich solle wieder gehen, was ich schnell als die subtile, aber eindringliche Einladung des Heiligen Geistes erkannte. Ich versuchte, mich so unauffällig wie möglich durch die Hintertür hinauszuschleichen.

Das Gefühl drängte mich leise aus dem Gebäude heraus und auf einen kleinen Hügel zu einem Schotterparkplatz. Es dauerte nicht lange, bis ich merkte, warum der Heilige Geist mich gebeten hatte, nach draußen zu kommen. In der Mitte des Parkplatzes sah ich einen 5 m großen Engel, der von Kopf bis Fuß in tosenden Flammen stand.

Engel sind schon immer ein Teil meines Lebens gewesen. Deshalb bin ich selten schockiert oder überwältigt von den Dingen, die ich sehe. Dieser Engel war jedoch eine große Ausnahme. Doch obwohl seine Größe und die Flammen, die ihn umgaben, beeindruckend waren, war es nicht sein Aussehen, sondern die spürbare Autorität, die von ihm ausging, die mich stutzig machten.

Wir sprachen mehrere Minuten lang, und dabei stellte ich fest, dass es immer leichter wurde, die Figur unter den Flammen zu sehen. So wie sich unsere Augen langsam an das plötzliche Auftreten eines hellen Lichts gewöhnen, passten sich meine Augen an die feurige Autorität, die von dem Engel ausging, an. Er trug eine makellose und kunstvolle goldene Rüstung, die mit wunderschönen Juwelen bedeckt war.

Wir sprachen über viele Dinge, von denen einige in meinem ersten Buch, *Durch den Schleier sehen,* festgehalten sind. Aber hier möchte ich auf einen Teil unseres Gesprächs eingehen, den ich dort nicht erwähnte, vor allem weil ich ihn damals noch nicht verstanden habe.

Während unseres Gesprächs zeigte mir der Engel eine Schriftrolle. Sie war so dunkelblau wie der Himmel kurz nach Sonnenuntergang. Der Engel zeigte mir mehrere Dinge auf der Schriftrolle, unter anderem eine Karte der Vereinigten Staaten.

Die Karte bestand nur aus einem einfachen Umriss, mit hellen, kristallklaren blauen Linien gezeichnet. Dann sah ich einen kleinen blauen Punkt in Nordkalifornien erscheinen, genau dort, wo ich wusste, dass Redding war. Der Punkt wurde immer größer und wuchs zu einem kristallinen blauen Kreis an.

Wenige Augenblicke später sah ich einen weiteren Punkt auf der Ostseite des Landes, irgendwo in der Mitte von Georgia. Auch dieser Punkt wurde größer. Dann erschienen ähnliche Punkte an Orten im ganzen Land, die immer größer wurden, bis die gesamte Karte die gleiche kristallblaue Farbe hatte.

Ich wusste, dass die blauen Punkte etwas Gutes darstellten, war mir aber nicht sicher, was sie darüber hinaus bedeuteten. Einige Wochen später dachte ich wieder an die Karte, als mir ein Freund erzählte, es sei ein Team von Leuten entsandt worden, um in Atlanta eine Gemeinde und eine *Ministry School* zu gründen. Aufgrund dessen, was ich gesehen hatte, und meinem Wunsch, anderen die Möglichkeit zu geben, einen ähnlichen Durchbruch zu erleben, wie ich ihn während meiner Zeit an der

Schule in Redding erlebt hatte, trat ich nach meinem Abschluss dem Team in Atlanta bei.

Zwei Jahre später arbeitete ich ehrenamtlich bei *Bethel Atlanta* und an der *Bethel Atlanta School of Supernatural Ministry,* während ich einen Job im Norden der Stadt ausübte, um meine Familie ernähren zu können. Eines Tages, als ich wieder durch den dichten Verkehr in der Innenstadt pendelte, wurde ich plötzlich in eine offene Vision hineingezogen.

Normalerweise setzen die Dinge, die ich im Geist sehe, meine natürliche Sicht nicht außer Kraft. Manchmal konzentriere ich mich mehr auf die Vision als auf das, was in der physischen Welt geschieht, aber meine Aufmerksamkeit wieder auf das Physische zu lenken, ist so einfach wie die Entscheidung, ob ich mich mehr auf die Seiten eines Buches oder auf den Raum um mich herum konzentrieren soll.

Die Vision, die ich während der Fahrt mit meinem Auto hatte, war ganz anders. Obwohl ich noch immer die Pedale unter meinen Füßen und das Lenkrad in meinen Händen spürte, konnte ich nichts sehen, außer dem, was Gott mir zeigte. Da ich keine andere Möglichkeit hatte, ging ich davon aus, dass er sich darum kümmern würde, dass ich keinen Unfall baute.

Ich fand mich auf einem der höchsten Wolkenkratzer in der Innenstadt von Atlanta wieder. Zu meiner Linken stand der Engel, der mir damals die Schriftrolle gezeigt hatte. Nach einem kurzen Augenkontakt beugte sich der Engel nach vorne und fiel vom Rand des Gebäudes, und ich wusste, dass ich ihm folgen sollte.

Ich schaute über den Rand, als der Engel nach unten fiel. Obwohl mir völlig bewusst war, dass das, was ich sah, eine Vision war, war es dennoch ein sehr weiter Weg nach unten. Meine Neugier überwog jedoch meine Angst und ich ließ mich über den Rand fallen.

Die Seite des Gebäudes raste an mir vorbei, und der Boden näherte sich viel schneller, als ich erwartet hatte. Ich stürzte in Richtung des Gehwegs und dann durch ihn hindurch, als wäre er nicht fester als Rauch. Ich fiel weiter nach unten und sah auf beiden Seiten Schmutz und Steine an mir vorbeirauschen. Es kam mir so vor, als fiele ich noch eine lange Zeit, bis ich in der Ferne einen winzigen kristallinen blauen Punkt sah. Er dehnte sich aus und wurde immer größer, bis ich erkannte, dass es sich um eine Öffnung in eine riesige unterirdische Höhle handelte, die größer war als eine überdachte Sportarena. Die Höhle war mit kristallblauem Wasser gefüllt, einem gewaltigen unterirdischen See.

Ich verlangsamte mich und ruhte auf einem Felsvorsprung aus, der den See überragte. Der Engel stand bereits dort. Nach einigen Momenten der Stille fragte ich: „Was ist das für ein See?"

„Es ist der Brunnen der Erweckung, der für diese Region bestimmt ist." Er sprach auf eine lebhafte, sachliche Art und Weise, aber jedes seiner Worte hatte Gewicht.

Ich schaute auf den See hinaus und beobachtete einen Moment lang, wie sein leuchtendes Wasser kräuselnde blaue Reflexionen über die Höhlendecke tanzen ließ.

„Wie können wir ihn anzapfen? Wie können wir ihn nutzen?"

Der Engel hielt einen langen Moment inne. Dann drehte er sich um, schaute mir direkt in die Augen und sagte: „Lerne, wie man Ehre erweist!"

Und dann war ich wieder in meinem Auto.

*****

Als die Jahre vergingen und ich anfing zu reisen und auf Konferenzen und in Gemeinden auf der ganzen Welt zu sprechen, sah ich an vielen Orten, die ich besuchte, etwas Ähnliches. Wenn ich durch verschiedene Städte und Ortschaften fuhr, sah ich im Geist kristallklares, blaues Wasser aus dem Boden sprudeln und kleine Teiche an der Oberfläche bilden. Ich erinnerte mich sofort an Geschichten, die ich über die erste Zeit der Ölspekulation in den Vereinigten Staaten gelesen hatte. Öl war an einigen Stellen so reichlich vorhanden gewesen, dass es buchstäblich an die Oberfläche sprudelte.

Ich begann mich zu fragen: Wenn diese Quellen der Erweckung so verfügbar sind, dass sie an die Oberfläche steigen, was müssen wir dann tun, um sie zu nutzen, und was hat Ehre damit zu tun?

Ich glaube, dass die Brunnen die Ressourcen des Himmels darstellen, um Erweckung auf der Erde freizusetzen. Sie sind der Treibstoff, der benötigt wird, um die Gegenwart, die Pläne und die Herrlichkeit Gottes voranzutreiben. Schon seit Langem habe ich immer wieder prophetische Worte über Erweckung gehört, die extreme Bewegungen Gottes, veränderte Nationen und die Rettung von einer Milliarde Seelen verkünden. Ich glaube, dass diese Worte wahr sind. Die vorige Geschichte und einige der Geschichten in den beiden folgenden Kapiteln stellen meinen Beitrag zu dieser prophetischen Botschaft dar. Doch bevor wir uns in die Frage vertiefen, wie eine Erweckung dieser Größenordnung aussehen könnte, möchte ich einen Moment lang darauf eingehen, inwiefern sie mit Ehre zusammenhängt.

Nachdem ich diese Vision des Brunnens unter der Stadt Atlanta gehabt hatte, gingen mir die Worte des Engels nicht mehr aus dem Kopf. „Lerne, Ehre zu erweisen." Was bedeutete das? Gott ehren? Menschen ehren? Andere Gemeinden ehren? Menschen ehren, die Gott noch nicht kennen? Die Welt ehren?

Nach jahrelangem Nachdenken darüber kam ich zu einer Antwort: Ja.

Ich glaube, dass wir dazu bestimmt sind, in jedem Bereich des Lebens Ehre freizusetzen: gegenüber Gott, gegenüber Menschen, die ihn kennen, und Menschen, die ihn noch nicht kennen, gegenüber Gemeinden und Leitern in den Gemeinden. Ich glaube, dass wir in jeder Situation ehren sollen. Was bedeutet das also?

Danny Silk verwendet in dem Buch *The Business of Honor,* einem Buch, das er mitverfasst hat, diese Definition von Ehre:

> Bei Ehre geht es darum, zu erkennen, was an anderen Menschen wertvoll, großartig und wundersam ist, und sie zu schätzen, zu bewundern, zu lieben, anzuerkennen und ihnen auf andere Weise so zu begegnen, wie sie es verdienen.[1]

---

[1] 1. Bob Hasson und Danny Silk, *The Business of Honor* (El Dorado Hills, CA: Loving on Purpose, 2017), zitiert von Danny Silk in „The Core Value of Honor-Leading With the Father's Heart, Part 3", Loving on Purpose (blog), 14. Juni 2018, https:// lovingonpurpose.com/blog/the-core-value-of-honor/.

Meine Art, das Gleiche zu sagen, ist folgende: Ehre ist es, die Herrlichkeit Gottes in jemandem zu sehen und auf diese Herrlichkeit zu reagieren. Ehre ist in vielerlei Hinsicht die praktische Anwendung der Liebe.

Ehre bedeutet nicht, dass man mit allen gleicher Meinung sein muss oder alles, was andere sagen oder tun, gutheißen muss. Die Bibel sagt uns, dass wir unsere Väter und Mütter ehren sollen. Sie sagt nicht, dass man sie ehren soll, wenn sie gottesfürchtig sind oder wenn sie uns gegenüber freundlich sind. Sie sagt einfach, dass wir sie ehren sollen. Ehre bedeutet nicht, dass man nicht mit jemandem geteilter Meinung sein kann, aber sie bestimmt, wie man mit dieser Meinungsverschiedenheit umgeht.

Verschiedene Teile des Leibes Christi zu ehren, wozu wir in 1. Korinther 12 aufgefordert werden, stellt sicher, dass wir alle von dem profitieren, was Gott mit seiner Gemeinde tut. Menschen zu ehren, stellt sicher, dass wir Einstellungen und Verhaltensweisen beibehalten, die den Fluss der Liebe zwischen uns schützen, sogar zwischen uns und unseren Feinden. Die Welt zu ehren, stellt sicher, dass wir sie trotz der Notwendigkeit, dass sie sich ändert, so lieben, wie Gott es tut, wie er es in Johannes 3,16 beschrieben hat. Ehre schützt und hält Erweckung aufrecht – die Enthüllung von Gottes Plänen, seiner Gegenwart und Herrlichkeit auf Erden.

Ehre lernen wir nicht von heute auf morgen; es ist eine Kunst, für die wir viele Jahre brauchen, um sie zu beherrschen. Ich habe viel Zeit damit verbracht, zu lesen und mir anzuhören, was Lehrer wie Danny Silk und Kris Vallotton, die dieses Thema ausgezeichnet verstehen, zu sagen haben, und ich ermutige dich, das Gleiche zu tun. Ehre schützt und erhält die Ehre Gottes in uns selbst und in anderen aufrecht. Sie ebnet den Weg für Erweckung. Sie erhellt selbst die dunkelsten Stellen. Sie ist eine ungemein mächtige Waffe der geistlichen Kampfführung.

Kapitel 15

Das Schlachtfeld

Denn unser Kampf ist nicht gegen Fleisch und Blut, sondern gegen die Gewalten, gegen die Mächte, gegen die Weltbeherrscher dieser Finsternis, gegen die geistigen Mächte der Bosheit in der Himmelswelt.

Epheser 6,12

Vor einigen Jahren diente ich in einer Gemeinde in Dresden in Deutschland. Eines Morgens lud einer der Pastoren mich und mein Team zu einem Rundgang durch die Stadt ein. Wir zogen uns warm an und begannen den kurzen Spaziergang in die Innenstadt.

Dresden war Teil eines der umstrittensten Luftangriffe des Zweiten Weltkriegs. Es wurde gegen Ende des Krieges mit Brandbomben überzogen, was einen massiven Feuersturm verursachte, der den größten Teil der Stadt in Schutt und Asche legte. Die niedrigsten Schätzungen gehen von fünfundzwanzigtausend Opfern aus.

Nach dem Krieg gab es eine große Debatte darüber, ob Dresden ein berechtigtes militärisches Ziel oder ein Racheakt für die deutsche Bombardierung von Coventry gewesen war. Unabhängig von den Gründen für den Angriff war das menschliche Leid, das er verursachte, verheerend. Der Pastor erzählte von Menschen, die verzweifelt zu fliehen suchten, nur um dann von den Flammen eingeschlossen zu werden.

Ich begann im Geist zu schauen, als wir um die Ecke zu einem offenen Platz mit einem Brunnen in der Mitte kamen. Alles, was wir auf dieser Erde tun, hinterlässt Spuren. Schlechte Dinge hinterlassen schlechte Spuren, und gute Dinge hinterlassen gute Spuren. Kleine Dinge hinterlassen kleine Spuren, und große Dinge hinterlassen große Spuren. Ich nahm mir einen Moment Zeit, um nach den Spuren zu suchen, die die Tragödie von damals hinterlassen hat. Was ich sah, war einfach, aber die Emotionen, die ich dabei erlebte, haben mich sofort überwältigt.

Die gepflasterten Straßen waren beeindruckend sauber, aber als ich im Geist schaute, sah ich, dass sie alle mit schmieriger, schwarzer Asche überzogen waren. Die Asche war voller Handabdrücke, manche groß, manche klein. Sie bildeten ein schaurig schönes Muster, das sich über den gesamten Marktplatz ausbreitete. Eine Welle der Empathie bohrte sich in meinen Bauch, und ich hörte auf, im Geist zu schauen.

„Viele Menschen sind während des Feuers zu diesem Brunnen hier gelaufen", fuhr der Pastor fort. „Aber die Hitze der Flammen war so intensiv, dass das Wasser bereits zu kochen begonnen hatte." Er machte eine Pause. „Es war sehr schlimm."

Wir gingen weiter in Richtung Stadtzentrum. Er fuhr mit seiner Geschichte fort und sagte, die Stadt sei völlig verwüstet gewesen. Viele Jahre später, nach dem Fall der Berliner Mauer, gab es massive Anstrengungen zur Wiederherstellung der Stadt. Sie bauten alle historischen Gebäude wieder auf, die bei der Bombardierung zerstört worden waren, wobei sie sogar so weit gingen, einige der ursprünglichen Steine zu verwenden, die den Brand überstanden hatten.

Wir gingen um eine weitere Ecke und stießen auf eine prächtige Kirche mit einer Kuppel.

„Das ist die Frauenkirche."

Ich schaute und sah sofort einen riesigen Engel hinter der Kirche stehen. Er war mindestens 200 Meter groß, der größte Engel, den ich je gesehen hatte. Er trug nichts als eine einfache Tunika um die Taille, aber in seiner rechten Hand hielt er ein massives blaues Schwert. Der Engel rang mit einem ebenso massiven Dämon, einer rauchig-schwarzen hundeähnlichen Kreatur. Beide bewegten sich unglaublich langsam, nur wenige Zentimeter pro Minute.

Obwohl einige Dinge, die ich sah, ungewöhnlich waren, war ich sofort davon beeindruckt, wie schlecht der Engel ausgestattet zu sein schien. Ich hatte noch nie einen Krieger- oder Schutzengel ohne Rüstung gesehen.

Der Anblick einer so massiven Schau hatte mich völlig von der Geschichte abgelenkt, die der Pastor erzählte, aber etwas, was er sagte, erregte plötzlich meine Aufmerksamkeit.

„Als sie die Kirche wieder aufbauten, wurde das Kreuz oben auf der Kuppel von dem Sohn eines der Piloten gemacht, der an der Bombardierung beteiligt gewesen war.

„Entschuldigung", sagte ich und hob eine Hand. „Was war noch mal der letzte Teil?"

„Nun, wie ich schon sagte, glaubten viele Menschen, der Angriff auf Dresden sei ein Racheakt gewesen. Nach dem Krieg wurde viel darüber diskutiert, ob der Angriff gerechtfertigt war oder nicht. Doch Jahre später, während der Restaurierung der Stadt, fertigte der Sohn eines der Piloten, der die Stadt bombardiert hatte, das Kreuz an, das heute auf der Spitze der Kirche steht. Es sollte ein Akt der Versöhnung sein. Sie hatten hier draußen eine große Zeremonie zum Gedenken an das Ereignis und an die Fertigstellung der Kirche."

Während er sprach, gingen mir Bilder durch den Kopf. Ich sah den Engel und den Dämon, die Mann gegen Mann um die Stadt Dresden kämpften. Ich sah die Zeremonie am Tag der Fertigstellung der Kirche. Ich sah, wie das das blaue Schwert in der Hand des Engels erschien. Dann hörte ich den Heiligen Geist sagen: „Vergebung ist eine Waffe."

Ich hatte lange genug im Geist gesehen, um zu wissen, dass es bei dem Kampf zwischen dem Engel und dem Dämon nicht nur um das ging, was während der Bombardierung geschehen war. Dass ihr Kampf in so extremer Zeitlupe stattfand, war ein Hinweis auf einen Kampf, der schon seit langem, seit Generationen, stattfand. Die Stadt Dresden ist über achthundert Jahre alt; ihre Geschichte ist reich und komplex. Selbst ihre Zerstörung und ihr Wiederaufbau sind nur ein relativ kleiner Teil ihrer Geschichte.

Bei dem Kampf ging es um etwas viel Größeres und Einfacheres: Der Himmel hatte Pläne für Dresden. Die Hölle hatte Pläne für Dresden. Die Schlacht ging darum, wessen Pläne verwirklicht wurden.

Als ich das Ausmaß dessen, was ich sah, erkannte – nicht nur die Größe, sondern auch die Zeitspanne, die es repräsentierte –, wunderte ich mich, dass die Handlungen einiger weniger Menschen es überhaupt beeinflussen konnten. Eine einfache Geste der Vergebung und Versöhnung konnte eine Spur hinterlassen, die das Schicksal einer Stadt beeinflusste.

*****

Ich habe auf der ganzen Welt im Geist geschaut. Jeder Ort, an den ich gehe, hat eine andere Geschichte und Kultur. Jeder Ort hat andere Stärken und Schwächen. Jeder Ort hat andere Herausforderungen und Probleme. Jeder Ort ist anders, aber es gibt etwas, das überall gleich ist: Es geschehen immer gute Dinge in der geistlichen Dimension, und es geschehen immer schlechte Dinge in der geistlichen Dimension.

Ich bin so vielen Christen begegnet, die eine düstere Sicht auf das globale Schlachtfeld des geistlichen Kampfes haben. Sie sagen Dinge wie: „Diese Gegend hier ist wirklich hart. Diese Gegend ist wirklich finster. Es gibt hier eine Menge Zauberei." Oft höre ich Geschichten über jahrzehntelange, anstrengende Bemühungen in dem Versuch, die Finsternis zurückzuschlagen. Es macht mich jedes Mal traurig, wenn ich höre, dass Menschen dazu verleitet werden, so viel Zeit und Energie in eine Schlacht zu investieren, die Jesus am Kreuz schon gewonnen hat.

Es stimmt zwar, dass die Finsternis in einigen Gebieten stärker ist als in anderen, aber die Konzentration auf diese Finsternis lenkt fast immer ab. Wir sollen uns auf das Licht konzentrieren.

Ich habe zwei Freunde, die zwei verschiedene Gemeinden in derselben Stadt haben. Die Stadt ist berüchtigt für ihre Probleme mit Drogen und Kriminalität. Sie hat eine große New-Age-Gemeinde und ist bekannt für Hexerei.

Eine dieser Gemeinden hat viel Zeit damit verbracht, gegen die gottlosen Elemente in der Stadt und die Korruption zu beten, die zu viel Kriminalität und Drogenkonsum geführt hat. Sie protestierten mit Schildern und Liedern gegen das lokale New-Age-Festival und unternahmen gezielte Kampagnen gegen bestimmte Verantwortliche der Stadt, die sie für gottlos hielten.

Die andere Gemeinde hat viel Zeit damit verbracht, den Herrn zu fragen, was seine Pläne für die Stadt sind. Daraus haben sie Projekte entwickelt, um in der Stadt den Obdachlosen zu dienen und den Müll in einigen der schmutzigsten Stadtteile aufzuräumen. Dies öffnete dem Pastor die Tür, um den Bürgermeister zu treffen, der bald darauf Christ wurde. Der Pastor gehört jetzt einem städtischen Gremium an, das ein Wiederaufbauprojekt plant, um die Stadt in jeglicher Hinsicht zu verbessern. Er kann Einfluss auf die Gestaltung des neu gestalteten Stadtzentrums nehmen und wird dort bald ein neues Jugendzentrum leiten.

Die eine Gemeinde hat ihre Stadt gefürchtet und sich im Kampf gegen sie erschöpft. Die andere hat ihre Stadt geehrt und sich von Gott zeigen lassen, wie man sie verwandeln kann.

Man kann die erste Gemeinde leicht verurteilen und sie einfach für schlechte Menschen halten, aber so ist es nicht. Wie ich schon sagte, ist der Pastor ein Freund von mir. Er ist ein freundlicher und mitfühlender Mann. Leider hat er sich durch die Angst vor der Finsternis dazu verleiten lassen, das Potenzial, das Gott in seine Stadt gelegt hat, nicht zu nutzen.

Es gibt keinen Ort auf dieser Erde, an dem Gott nicht das Potenzial für Gutes gelegt hat. Ich war in Städten mit extrem hoher atheistischer Bevölkerung; Gott war dort genauso präsent wie an jedem anderen Ort. Ich habe dreieinhalb Jahre im postkommunistischen Russland gelebt; Gott war dort genauso präsent. Ich war in den vom Krieg heimgesuchten Slums von Kambodscha; Gott war dort. Ich war in einigen der strengsten religiösen Kirchen der Welt; Gott war dort.

Erinnere dich an Grundsatz Nummer zwei: Geistliche Kampfführung ist in erster Linie ein Kampf um die Perspektive. Dies gilt sowohl für den persönlichen geistlichen Kampf als auch für den globalen geistlichen Kampf. Der Feind kämpft darum, dass du die Dinge auf seine Weise siehst, denn wie du bei dem, was durch einige wenige Menschen in Dresden geschehen ist, gesehen hast, kann selbst eine einfache Handlung eine enorme

Menge an Gottes Güte freisetzen und eine Spur hinterlassen, die für Generationen Bestand haben kann.

Die Beschaffenheit des Schlachtfeldes zu verstehen, ist für den Sieg in jeder Schlacht von entscheidender Bedeutung. Wenn wir glauben, dass wir kurz davor sind, von der Finsternis überwältigt zu werden, dann werden wir mit Händen und Füßen kämpfen, um sie zurückzuschlagen. Wenn wir wissen, dass Gott immer bereit ist, Gutes zu tun, egal wo wir sind, dann werden wir uns darauf konzentrieren, die Herrlichkeit, die wir in anderen sehen, zu ehren, anstatt die Finsternis zu bekämpfen, und somit das Licht aufrechterhalten.

Kapitel 16

Die Ernte ist groß

Denn das sehnsüchtige Harren der Schöpfung wartet auf die Offenbarung der Söhne Gottes.

Römer 8,19

Mit sechs Jahren erkannte ich ein grundlegendes Problem, was das Christentum angeht. Meine Familie und ich waren damals Missionare in Russland. Wir wohnten in einem Hochhaus in der Innenstadt von Moskau und halfen bei der Gründung einer Gemeinde in der Nähe. Weil das russische Fernsehen in den frühen neunziger Jahren für einen Erstklässler nicht sehr attraktiv war, nahm mein genialer Großvater für mich und meine Schwestern Kindersendungen des amerikanischen Fernsehens auf und schickte sie uns auf VHS-Kassetten.

Wir haben uns immer wieder die gleichen Sendungen mit den gleichen Werbespots angesehen. In meiner Lieblingssendung ging es um eine Gruppe von Zeichentrick-Tieren, die alle zusammen im selben Kindergarten spielten. In jeder Episode ging es darum, dass sie miteinander spielten und sich Dinge vorstellten. In der einen Episode stellten sie sich vor, sie seien Ritter, die eine Prinzessin vor einem feurigen Drachen retteten; in der nächsten waren sie Astronauten, die einen fernen Planeten erforschten; und in der nächsten waren sie Abenteurer, die in einer verlassenen Stadt nach Schätzen suchten. Ich weiß noch, dass ich immer ganz aufgeregt war, wenn die Sendung begann. Ich war gespannt darauf, was ihr nächstes Abenteuer sein würde, selbst nachdem ich die Filme so oft gesehen hatte, dass ich sie alle auswendig kannte.

Eines frühen Samstagmorgens saßen meine Schwester und ich im Pyjama vor dem Fernseher und aßen unser Müsli, als meine Lieblingssendung lief. Ich spürte, wie mein Herz einen vertrauten Begeisterungsschub erlebte, als mir plötzlich ein Gedanke kam.

Meine Familie und ich waren als Missionare in Russland. Missionare erzählen den Menschen von Jesus. Das Ziel, so vermutete ich, war, dass alle von Jesus hören sollten. Dann könnten alle gerettet werden. Als das Einführungslied meiner Lieblingssendung zu Ende ging, überlegte ich mir, worum es in dieser Sendung wohl gehen würde, wenn Christen sie gemacht hätten.

Ich dachte ein paar Sekunden lang nach. Ich vermutete, dass es darum gehen würde, dass all die kleinen Zeichentricktiere beten und in der Bibel lesen. Ich dachte mir ein Dutzend Episoden dieser neuen Version der Serie aus, eine nach der anderen. Dann spürte ich einen Anflug von Entsetzen. Die Version der Show, die ich in meinem Kopf sah, war sehr langweilig. Ich meine, ich habe gerne gebetet und die Bibel gelesen, aber ich mochte auch all die Abenteuer, die die Tiere hatten.

Vor lauter Panik versuchte ich, mir eine christliche Version der Show vorzustellen, die nicht langweilig war. Aber egal, wie sehr ich meinen kleinen Verstand auch anstrengte, konnte ich nur Episode um Episode von Zeichentrick-Tieren sehen, die die Bibel lasen und beteten.

Da mein sechsjähriges Herz einen solch heftigen Wertekonflikt nicht gewöhnt war, hoffte ich insgeheim, dass die Menschen, die die Sendung produziert hatten, erst ganz zum Schluss gerettet werden würden, damit diese so lange wie möglich gut bleiben konnte.

Jahre später in der High School erinnerte ich mich an diese süße kleine Gewissenskrise in jener Zeit. Ich wusste nun, dass zum Christsein viel mehr gehörte, als nur die Bibel zu lesen und zu beten, aber als ich noch einmal über das Dilemma, in dem ich mich an jenem Samstagmorgen befand, nachdachte, wurde mir klar, dass das Problem immer noch da war. Ich konnte mir noch immer keine christliche Version dieser alten Zeichentrickserie vorstellen, die so lustig oder aufregend gewesen wäre wie das Original. Sie sollte nicht langweilig sein, weil Gott nicht langweilig ist, aber ich konnte sie mir nicht anders vorstellen.

Je mehr ich darüber nachdachte, desto mehr ärgerte ich mich darüber. Gott ist *der* Schöpfer. Er ist der Autor aller Schönheit, die die Kunst je darzustellen versucht hat. Seine Kinder sollten die kreativsten und ausdrucksstärksten Menschen der Welt sein. Warum konnte ich mir nicht vorstellen, dass sie eine bessere Zeichentrickserie kreieren könnten?

Und dann ging mir ein Licht auf.

Ich wusste, wie die Herrlichkeit Gottes in einer Gemeinde aussehen konnte. Ich hatte genug davon erlebt, um mir mehr vorstellen zu können. Ich hatte eine Idee, wie die Herrlichkeit Gottes in einer Schule aussehen könnte. Ich hatte genug erlebt, um mir vorstellen zu können, wie mehr davon aussehen würde. Ich hatte jedoch keine Ahnung, wie die Herrlichkeit Gottes in einer Zeichentrickserie am Samstagmorgen aussehen könnte.

Zuerst erschien es mir albern, aber je mehr ich darüber nachdachte, desto mehr wurde mir klar, dass Gott wahrscheinlich eine super Idee hatte, wie seine Herrlichkeit durch eine Zeichentrickserie ausgedrückt werden könnte. Ich begann, über andere Lebensbereiche nachzudenken und versuchte herauszufinden, wie Gottes Herrlichkeit da hineinpassen könnte. Wie würde sie im Sitzungssaal eines großen Konzerns aussehen? Wäre es ein Haufen von Leuten in Anzügen, die alle im Geist ruhten und von neun bis siebzehn Uhr in Zungen beteten? Das klang gut, aber war es das schon? Oder gab es noch mehr? Gab es etwas noch Besseres?

Wie würde Gottes Herrlichkeit in einer Grundschulklasse aussehen? Auf einer Baustelle? Im Supermarkt?

Wie würde Gottes Herrlichkeit im Parlament aussehen? In der Konstruktionsabteilung eines Automobilunternehmens? In einem Gefängnis?

Wie würde Gottes Herrlichkeit im täglichen Leben einer Familie aussehen? In einem Obdachlosenheim, einem Krankenhaus, einer Anwaltskanzlei, einem Friseursalon, einem Altenheim, einer Tierhandlung, einer Bowlingbahn?

Ein Ort nach dem anderen ging mir durch den Kopf. Einige waren so spezifisch und klein, dass sie zunächst lächerlich erschienen, aber je mehr ich über sie nachdachte, desto mehr begann ich zu glauben, dass Gott, auch wenn ich es mir nicht vorstellen konnte, ein Bild davon hatte, wie seine Herrlichkeit an diesen Orten aussah.

Anstatt zu einem schlüssigen Ergebnis zu kommen, verlangsamte sich mein Verstand immer mehr, wie das Rad eines Fahrrads, das nach dem Drehen endlich zum Stillstand kommt. Ich hatte hundert weitere Fragen, aber keine Antwort auf die eine, die mich ursprünglich zum Nachdenken gebracht hatte.

Ich saß einen langen Moment still da und nahm gedanklich etwas Abstand, um zu sehen, wohin mich meine Gedanken geführt hatten. Zehn Jahre an Erfahrung und Erkenntnis hatten meine Sicht auf das Problem erweitert, aber ich hatte immer noch keine Lösung. Jedenfalls noch nicht.

Der Friedhof der Träume

Vor nicht allzu langer Zeit war ich an einem Samstagnachmittag vor meinem Haus und sah meinen Kindern zu, die in der Einfahrt mit ihren Fahrrädern im Kreis fuhren. Ich dachte gerade daran, kurz ins Haus zu gehen, um ein Glas Wasser zu holen, als ich mich umdrehte und Jesus am Ende meiner Einfahrt sah. Diejenigen, die mit meinen früheren Büchern vertraut sind, wissen, dass dies nicht das ersten Mal war, dass ich Jesus gesehen habe, aber es war das erste Mal, dass ich ihn auf diese Weise sah.

Er war mehr als 6 m groß und in Gewänder aus Schichten von Purpur und Gold gekleidet, die so mit Edelmetallen und Edelsteinen geschmückt waren, dass es schon überwältigend war, selbst diese anzusehen. Sein Kopf und sein Gesicht waren so hell, dass es einfacher gewesen wäre, in die Sonne zu schauen als auf ihn, was mich aber nicht davon abhielt, es zu versuchen. Meine Knie zitterten, und ich fühlte mich klein, überwältigt von der Autorität, die von ihm ausging. Aber ich konnte auch die

Freundlichkeit fühlen, die mit den ausströmenden Wellen der Macht verwoben war, sodass es leicht war hinzuschauen und schwer wegzuschauen.

Meine Augen gewöhnten sich langsam und gerade so an das Licht, und ich konnte sehen, dass etwas hinter ihm war. Hohe Regale, so hoch, dass sie die Sonne abschirmten, standen die Straße aufwärts und abwärts in perfekt gestellten Reihen. Als ich genauer hinsah, erkannte ich, dass jedes der Regale voller großer, quadratischer Schubladen war, die etwa so groß waren wie die in einem Aktenschrank.

„Was ist das?", fragte ich laut.

„Es ist ein Friedhof", antwortete er, und seine Stimme erschütterte mich bis ins Mark, hielt mich aber gleichzeitig auch aufrecht. „Warum ist er hier?"

„Es ist ein Friedhof der Träume."

Ich schaute die Straße in beiden Richtungen entlang. Die Regalreihen gingen, so weit ich sehen konnte, und waren höher als die nahe gelegenen Bäume.

Verwirrt darüber, warum sich Tausende von toten Träumen in einem kleinen Vorstadtviertel im Süden von Atlanta befanden, fragte ich erneut: „Warum ist er hier?

„Dieser Friedhof bedeckt die gesamte Erde. Es gibt keinen Ort, an dem er nicht ist."

Ich schaute wieder hin und sah Regalreihen, so weit ich sehen konnte. Warum stapelten sich die Träume der Menschen in Schubladen? Warum gab es so viele? Und dann kam mir ein Gedanke.

Ich fragte: „Wessen Träume sind das?"

Ich spürte sein Lächeln, obwohl ich es nicht sehen konnte. „Es sind meine."

Während er sprach, schoss mir eine Reihe von Bildern durch den Kopf. Ich sah Momentaufnahmen von anderen Städten und Nationen. Ich sah die Reihen von Regalen und Schubladen, die überall alles bedeckten. Mir wurde plötzlich klar, obwohl ich es teilweise schon wusste, dass es keinen Ort auf dieser Erde gibt, für den Gott keinen Traum hat. Jede Stadt, jedes Haus, jeder Teil einer jeden Gesellschaft in jedem Land, in jedem Teil der Welt – er hatte Träume für sie alle.

Während sich diese Erkenntnis noch in meinem Kopf niederschlug, schaute ich mir die Schubladen genauer an. Ich merkte schnell, dass es zwei Arten gab. Einige der Schubladen waren in einfachem Mattgrau und hatten einen Stahlgriff. Die anderen waren aus Marmor und wunderschön mit Messing und Gold verziert. Bei einigen von ihnen waren sogar Blumen oder Bänder in die Griffe gesteckt. Etwas an den grauen fühlte sich leblos, unvollständig an. Etwas an den verzierten fühlte sich lebendig, ja sogar feierlich an.

Ich wandte mich an Jesus, und der beantwortete meine Frage, bevor ich sie gestellt hatte. „Nicht alle meine Träume gehen in Erfüllung."

Er öffnete eine der stumpfen grauen Schubladen. Sie war voller Papiere, Hunderte von ihnen, die die Schublade von vorne bis hinten füllten. Er blätterte durch einige der Seiten. Die Papiere in der Schublade kann man am besten mit einem Geschäftsplan vergleichen. Jesus hatte einen Plan, einen Traum, und er hatte dafür jedes einzelne Detail ausgearbeitet. Er hatte alle Kosten berechnet, sich auf alle Eventualitäten vorbereitet und jeden Schritt genauestens aufgezeichnet. Es war ein perfekter und vollständiger Plan, aber er war nicht zustande gekommen. Er lag unausgeführt in der Schublade.

Er zog aus einem der unteren Regale eine der verzierten Schubladen auf, nur wenige Zentimeter. Ich näherte mich der offenen Schublade und war schockiert, als ich darin Füße sah. Ich neigte den Kopf, um ein wenig tiefer in die Schublade schauen zu können. Da lag eine Person, eine ganze Person, auf dem Rücken.

Wieder sprach Jesus, bevor ich fragen konnte. „Alle meine Träume werden durch meine Kinder wahr."

Als diese Informationsbrocken anfingen, sich zusammenzufügen, trat ich zurück und schaute mir das ganze Schubladenregal an. Die obersten Schubladen standen meist offen, während alle unten liegenden geschlossen waren. Mir war plötzlich klar, warum sie offen waren. Sie warteten darauf, dass eine Person hineinging. Sie warteten auf jemanden, der den Traum Jesu wahr werden ließ. Ich schaute wieder runter auf die geschlossenen Schubladen, und mir wurde plötzlich klar, warum er es einen Friedhof genannt hatte. Die geschlossenen Schubladen stellten Träume dar, deren Zeit gekommen und gegangen war. Entweder waren sie von jemandem abgeschlossen worden, oder das Zeitfenster, in dem sie abgeschlossen werden konnten, war verstrichen und sie waren unerfüllt geblieben.

Ich schaute mir die Tausenden von Schubladen über und neben mir an und stellte fest, dass es mehr stumpfe graue als verzierte Schubladen gab – viel mehr. Eine Welle der Wut und der Trauer durchfuhr mich, als ich das erkannte. Es war plötzlich und überwältigend. Ich konnte all das Gute, all die Herrlichkeit sehen, das bzw. die Gott im Laufe der Geschichte zustande bringen wollte, für das sich aber keiner seiner Söhne oder Töchter einsetzen wollte. Ich konnte all die Verletzten und Gebrochenen sehen, für die er Pläne zu ihrer Heilung und Erlösung erstellt hatte, auf die aber kein Kind Gottes einging. Er hatte Pläne für jeden Ort der Erde und jeden Zeitpunkt der Geschichte, aber sehr viele waren bereits abgelaufen.

Ohne nachzudenken, drehte ich den Kopf, schaute Jesus an und rief: „Warum träumst du dann überhaupt?

Er hielt einen Moment inne, und die Wut in meinem Herzen beruhigte sich. Dann sagte er: „Ich höre nie auf, an meine Kinder zu glauben, egal wie oft meine Hoffnung aufgeschoben wird."

Ich stand eine Minute lang da und ließ mich vollends zur Ruhe kommen. Dann sagte Jesus: „Möchtest du deinen sehen?"

Ich schaute auf und sagte: „Klar!"

Sofort griff er nach oben mitten in die Regale hinein und verschob die ganze Schubladenwand wie auf einem Gleis. Sie flog an mir vorbei, bis er sie mit seiner Handfläche stoppte.

Dieser neue Bereich von Schubladen war anders. Alle waren verziert, und alle waren offen. Es war ein ganzer Abschnitt von Träumen, die darauf warteten, dass seine Kinder herbeikamen.

Eine Schublade befand sich direkt vor meiner Brust. Ich wusste, dass es meine war, noch bevor er nach ihr griff und sie ganz öffnete. Das Innere war gepolstert und mit Stoff bezogen wie ein schicker Sarg. Mir fiel plötzlich auf, wie eng die Schublade war.

„Sie scheint ein bisschen klein zu sein", sagte ich und schaute an mir herunter und fragte mich, ob meine Schultern da reinpassen würden.

Jesus legte eine Hand auf meine Schulter. „Das ist richtig, sie ist klein. Da drin ist kein Platz für deine Träume, nur für meine."

Ich drehte mich um, um ihn anzuschauen.

„Es ist alles in Ordnung", sagte er. „Ich werde deine Träume für dich aufbewahren."

Es war weder ein Versprechen, dass er meine Träume in die Schublade legen würde, noch ein Versprechen, dass er es nicht tun würde, sondern eine Einladung, ihm zu vertrauen.

Bevor ich zögern oder nachdenken konnte, trat ich in die Schublade ein.

In dem Moment, als mein Schuh den Boden der Schublade berührte, war ich durch eine offene Vision völlig geblendet. Ich konnte den Boden unter meinen Füßen spüren und die Geräusche der Fahrradräder meiner Kinder auf dem Pflaster hören, konnte aber beides nicht sehen. Obwohl ich einen Anflug von elterlicher Sorge verspürte, erinnerte ich mich an die Erfahrung, die ich vor Jahren beim Autofahren hatte. Gott hatte mich damals beschützt, weshalb es dumm gewesen wäre, ihm jetzt nicht zu vertrauen.

In der offenen Vision fand ich mich tausende Meter in der Luft schwebend wieder. Ich schaute nach unten und sah eine Stadt weit unter mir, etwas weniger weit entfernt als von einem Flugzeug aus. Rechts von mir sah ich hunderte Menschen, die genau wie ich in der Luft schwebten. Und auch links sah ich hunderte Menschen, die in einer Reihe in der Luft hingen und in die gleiche Richtung blickten.

Ich schaute zurück und sah Jesus, genauso prächtig und herrlich wie zuvor, hinter uns allen in der Luft schweben. Sobald ich hinsah, breitete sich das Licht, das seinen Kopf umgab, nach unten aus und beleuchtete jeden Teil seines Körpers. Er wurde immer heller und heller – so hell, dass ich ihn nicht mehr direkt anschauen konnte. Als ich den Blick von ihm abwandte, sah ich, dass Lichtstrahlen von ihm ausgingen, breite Strahlen eines reinweißen Leuchtens. Ich folgte den Spuren des Lichts und stellte fest, dass ein Lichtstrahl auf jede Person gerichtet war, die in der Luft hing. Dann sah ich, was geschah, als das Licht auf die einzelnen Leute fiel.

Zuerst brach sich das Licht, als würde es durch ein Prisma gehen, wobei es gebeugt wurde und alle im Weiß verborgenen Farben zum Vorschein brachte, aber das war nicht alles. Jede der Farben teilte sich auf, teilte sich in noch mehr Farben und danach noch mehr. Sie teilten sich weiter und erzeugten oszillierende geometrische Strukturen in jeder Form, Größe und Farbe und brachten große Meisterwerke der Mathematik und Architektur hervor. Sie teilten sich weiter auf und beugten sich in die organischen Muster von Blättern, Schneeflocken, Baumwurzeln und flackernden Flammen, wodurch massive Wasserfälle lebendiger und bewegter Kunst entstanden. Immer wieder brach sich das Licht in unendliche Formen von Farben und Mustern, die schöner waren, als ich sie je gesehen hatte. Bei jedem Menschen brach sich das Licht anders, was jedes kaskadierende Farbfraktal völlig einzigartig machte.

Dann hörte ich Jesus wieder sprechen; seine Stimme war näher, als wenn er mir ins Ohr flüstern würde. „Schau nach vorne und sieh, was es bewirkt!" Seine Stimme glühte vor Stolz, so wie die eines Handwerksmeisters, der sein vollendetes Werk enthüllt.

Ich schaute nach vorne, und mein ganzer Körper wurde taub.

Die sich beugenden und drehenden Lichtmuster schwebten von jedem Menschen in jeden Winkel der Welt und veränderten jeden Ort, den sie berührten. Ich sah, wie Unternehmen gegründet wurden, Erfolg hatten und expandierten. Jedes Mitglied des Unternehmens, vom größten bis zum kleinsten, strahlte vor Heil und Zufriedenheit. Ich sah, wie Bücher geschrieben, dann verfilmt und dann in allen Ecken der Welt gesehen wurden. Einige stellten Jesus explizit dar und führten die Menschen direkt zu ihm; einige stellten Jesus implizit dar und bereiteten die Herzen von Millionen Menschen vor, ihn zu erkennen, wenn sie ihn sehen würden. Ich sah Gemeinden, in denen Zeichen und Wunder die Norm waren. Sie schulten und trainierten gesunde Söhne und Töchter, damit diese weitere gesunde Söhne und Töchter schulen und trainieren konnten.

Ich sah jede Facette der Gesellschaft, jedes Geschäft und jede Form der Kunst, und ich sah die Kinder Gottes, die gesandt wurden, um seine Träume für die Herrlichkeit an diesem Ort freizusetzen.

Ich drehte mich um und schaute in einen anderen Teil der Welt und sah Leid. Ich sah Trauer. Ich hörte jede Stimme schreien. Ich hörte alle Flüche, die von denjenigen ausgestoßen wurden, die verletzt und im Stich gelassen worden waren. Dann spürte ich, wie eine unmögliche Mischung aus Zorn und Mitgefühl in Jesus hochkam – Mitleid mit dem Schmerz, Zorn auf das Leiden. Dann sah ich Männer und Frauen, die Armeen von Menschen anführten, um die Hungrigen zu ernähren, den Gebrochenen zu dienen und die Verwundeten zu heilen. Ich sah Mütter und Väter, die rannten, um im Stich gelassene Kinder zu retten. Ich sah Freunde, die die Einsamen suchten. Ich sah Hände, die den Abgelehnten die Hand reichten.

Ich sah jede Verletzung, jeden Schmerz und jede Trauer, die es jemals auf der Erde gegeben hatte, und den Sohn bzw. die Tochter Gottes, der bzw. die gesandt wurde, um Gottes Antwort zu sein.

Ich sah die Pläne und Komplotte des Feindes, die Kulmination seiner Pläne für die Kultur, die Gesellschaft und die Menschen darin. All diese vertrockneten zu einer leeren Hülse und zerbröckelten zu Staub, machtlos gegenüber Gottes unendlichem Licht.

Ich sah stundenlang zu. Das Licht hörte nie auf. Ich sah tagelang zu. Das Licht hörte nie auf. Es wuchs nur, je mehr Menschen ihre Plätze als Leuchtfeuer der Herrlichkeit Gottes einnahmen.

Die Zeit verging. Ich blinzelte, dann stand Jesus vor mir.

„Ist es das, was passieren wird? Ist es das, was passieren könnte? Dein Licht, das durch dein Volk freigesetzt wird und die Welt verwandelt?"

Er lächelte. „Es geschieht bereits."

Ich dachte zurück an all die grauen Schubladen, an die Tausenden von Träumen im Laufe der Geschichte, von denen so viele unvollständig oder ignoriert wurden. Das Gefühl der Wut begann wieder aufzusteigen, Frustration über diejenigen, die Gottes Träume unerfüllt lassen würden.

„Stopp", sagte Jesus. Die Wut verschwand in einem Augenblick. Er ging auf mich zu und legte wieder eine Hand auf meine Schulter. „Du entscheidest, ob du einsteigen willst. Das ist alles. Das ist genug."

Ich blinzelte wieder, und er war weg. Ich stand in meiner Einfahrt, meine Kinder fuhren mit ihren Fahrrädern im Kreis. Ich sah auf die Uhr. Es waren weniger als zwei Minuten vergangen.

Das Licht der Welt

Das Licht muss nicht darum kämpfen, die Finsternis zu vertreiben. Das Licht gewinnt in dem Moment, in dem es ankommt. Finsternis herrscht nur in der Abwesenheit von Licht.

Ich habe jahrelang über das Problem nachgedacht, das ich an jenem Samstagmorgen beim Anschauen von Zeichentrickfilmen festgestellt habe. Als ich die Highschool und das College durchlief, wurde das Ausmaß des Problems nur noch deutlicher. Es gab so viele Orte auf dieser Erde, an denen ich mir die Herrlichkeit Gottes nicht vorstellen konnte. Ich war mir sicher, dass Gott einen Plan für diese Orte hatte – es musste so sein –, aber ich konnte ihn einfach nicht sehen. Erst vor kurzem wurde mir klar, dass das gar nicht nötig ist.

Was ich auf dem Friedhof der Träume sah, bestätigte, was ich bereits vermutete: Gott hatte einen Plan für jeden Winkel der Erde und jeden Aspekt der Gesellschaft. Was mir, aus welchen Gründen auch immer, nicht in den Sinn gekommen war, war, dass er so viel von seiner Hoffnung in die Hände seiner Kinder legen würde.

Ich höre seit Jahren Prophetien über eine große Erweckung; große Propheten haben erklärt, eine Milliarde Menschen würden in das Reich Gottes kommen. Ich habe zwar immer geglaubt, dass diese Dinge wahr sind, aber ich konnte mir nur schwer vorstellen, wie es dazu kommen würde – bis zu dem Tag in meiner Einfahrt.

Die größte Erweckung in der Geschichte der Menschheit wird nicht durch die Hände einiger weniger Gesalbter kommen. Sie wird die natürliche Folge davon sein, dass die Kinder Gottes seine Träume wahr werden lassen.

Ich kann mir nur an einigen wenigen Orten vorstellen, wie die Herrlichkeit Gottes aussieht, weil das die Orte sind, an die Gott mich berufen hat, sie freizusetzen. Ich kann nicht sehen, wie es anderswo aussehen wird, weil das von dir offenbart werden soll.

Als ich während der offenen Vision sah, wie das Licht in Unternehmen, Schulen, Kirchen und andere Teile der Welt floss, sah alles ganz praktisch aus. Ich konnte leicht die Abläufe, Verfahren und Prüfstellen erkennen, die zur perfekten Freisetzung von Gottes Herrlichkeit in jedem dieser Bereiche führen würden. Sie alle waren erschreckend einfach und intuitiv. In dem Moment, als die Vision endete, konnte ich mich an keinen einzigen der praktischen Schritte erinnern, die ich gesehen hatte. Ich konnte mich nur daran erinnern, wie es sich anfühlte und wie es im Geist aussah. Das beunruhigte mich danach noch einige Tage lang, bis ich die Wahrheit erkannte: Ich brauche sie nicht zu kennen oder zu sehen, bis ich sie von jemandem wie dir offenbart sehe.

Jeder Christ, jedes Kind Gottes, ist dazu bestimmt, seine Herrlichkeit zu offenbaren und freizusetzen. Er ist bereit, diese Herrlichkeit an so vielen Orten und auf so viele verschiedene Arten zu verbreiten, dass keine zwei Menschen es in gleicher Weise tun werden. Gottes Herrlichkeit wird durch Predigten und Lehren, aber auch durch Filme und Bücher offenbart werden. Seine Herrlichkeit wird sich durch Gebet und Heilung offenbaren, aber auch in der Wirtschafts- und Finanzwelt. Sie wird durch Jüngerschaft und Evangelisation, aber auch durch Kunst und Design offenbart werden. Sie wird durch Technik und Wissenschaft offenbart werden. Sie wird durch Poesie und Theater offenbart werden. Sie wird durch soziale Medien, Videospiele und Sport offenbart werden. Sie wird durch Musik, Technologie und Politik und durch jeden anderen Teil der Gesellschaft offenbart werden, weil Jesus Träume für all diese Dinge hat.

Die Königin von Saba sah die Herrlichkeit Gottes an der Art, wie Salomos Palast gebaut worden war und an den Speisen, die er ihr vorsetzte. Es gibt nichts, egal wie groß oder klein, für das Gott keinen Traum hat.

Die Pläne des Feindes sind darauf ausgerichtet, die Enthüllung von Gottes Herrlichkeit zu verhindern und zu verdrehen und seine Kinder in endlosen Zyklen von Angst, Schmerz und Zweifel zu verfangen. Das ist die Absicht des Feindes im geistlichen Kampf: Gottes Kinder daran zu hindern, dass sie leuchten. Aber ich sehe eine Generation von unzerstörbaren Söhnen und Töchtern Gottes, die ihr Leben so aufgebaut haben, dass der Feind sie nicht berühren kann. Sie offenbaren die Herrlichkeit Gottes in jedem Winkel der Erde und in jeder Ebene der Gesellschaft. Diese Söhne und Töchter werden weitere Söhne und Töchter großziehen, die wiederum weitere großziehen werden. Jeder wird mehr von Gottes Herrlichkeit offenbaren, und Tausende werden zu diesen Leuchtfeuern laufen.

Ihr seid das Licht der Welt; eine Stadt, die oben auf einem Berg liegt, kann nicht verborgen sein (Mt 5,14). Das sagte Jesus von seinen Jüngern, als er hier auf der Erde war, und es trifft auch heute noch auf seine Jünger zu. Du kannst ein Leben der Vertrautheit mit ihm aufbauen, eine tiefe Verbindung, die so konkret und bedeutend ist wie jede andere. Du kannst ein Leben voller starker Freundschaften aufbauen – Brüder und Schwestern, mit denen du voller Ruhe und Spaß gemeinsam unterwegs sein kannst. Du kannst Gottes Träume entdecken und in dem Sieg und der Zufriedenheit leben, sie zu verwirklichen. Du bist von seiner Hand geschaffen, um seine Herrlichkeit freizusetzen. Er ist unendlich. Seine Herrlichkeit kennt kein Ende. Es gibt niemanden in der Geschichte, der sie so offenbaren kann wie du. Finde also deinen Berg und leuchte!

Ihr seid das Licht der Welt; eine Stadt, die oben auf einem Berg liegt, kann nicht verborgen sein. Man zündet auch nicht eine Lampe an und setzt sie unter den Scheffel, sondern auf das Lampengestell, und sie leuchtet allen, die im Hause sind. So soll euer Licht leuchten vor den Menschen, damit sie eure guten Werke sehen und euren Vater, der in den Himmeln ist, verherrlichen.

Matthäus 5,14-16

Über den Autor

Blake K. Healy leitet die *Bethel Atlanta School of Supernatural Ministry (BASSM)* (Schule für den übernatürlichen Dienst der Bethel-Gemeinde in Atlanta). Außerdem ist er Mitglied des Ältestenteams dieser Gemeinde und steht in einem Reisedienst, um seine Erfahrungen mit dem Sehen im Geist weiterzugeben und andere darin zu lehren. Mit seiner Frau April und seinen vier Kindern (Haydon, Finnley, November und Ender) lebt er in Peachtree City, Geogia. Weitere Infos: *blakekhealy.com*.

BASSM bildet Erweckungsträger aus, die die Stimme Gottes hören, ihre himmlische Identität kennen und mit übernatürlicher Kraft und Autorität wirken. Wenn du im prophetischen Dienst wachsen, Zeichen und Wunder erleben, mehr über das Sehen im Geist lernen und deinem himmlischen Vater näher als je zuvorkommen möchtest, dann findest du unter *bethelatlantaschool.com* weitere Informationen und kannst dich für das kommende Schuljahr bewerben. Dein Leben wird nie wieder dasselbe sein!

Hinweis: Zusätzlich zu den auf der nächsten Seite vorgestellten Büchern wird 2026 ein weiteres Buch von Blake Healy erscheinen. Englischer Titel: **„Through the Veil: Overcoming Principalities and Powers of the Modern Age"** (dt. „Durch den Schleier hindurch: Die Fürstentümer und Mächte der Moderne überwinden"); der deutsche Titel steht jedoch noch nicht fest (Stand November 2025).

Weitere Bücher von Blake K. Healy

erschienen bei GloryWorld-Medien

Die Sprache des Himmels verstehen

Erkenne und entfalte Gottes Wirken in jedem Bereich deines Lebens; 160 S., Pb.

Wie funktioniert die geistliche Welt? Diese Frage wird Blake Healy seit Jahren gestellt, seit andere erfahren haben, dass er Engel, Dämonen und andere geistliche Realitäten mit bloßen Augen sehen kann.

Mit inspirierenden Geschichten und auf Grundlage der Bibel zeigt er, wie wir lernen können, die Sprache des Himmels zu verstehen, und was der Unterschied ist zwischen dem, was weltlich ist, was heilig ist und was unser Platz als geistliche Wesen in dieser riesigen und wunderbaren Welt ist.

Vollkommen gut

Gott mit den Augen seiner Liebe sehen lernen; 184 S., Pb.

Gott ist nicht nur gut. Er ist die Güte selbst.

Auch in diesem Buch lässt uns Blake Healy daran teilhaben, was er in alltäglichen und speziellen Situationen im Geist sieht, sei es bei einer Gerichtsverhandlung, zu Hause, im Freibad, oder bei einem evangelistischen Einsatz.

Doch schmerzhafter, als im Geist die klaffenden Wunden eines emotionalen Traumas oder dämonische Gebundenheit zu sehen, ist für ihn, wenn die Güte Gottes von seinem Volk nicht in Anspruch genommen wird.

Mit diesem Buch verfolgt er deshalb zwei Ziele: Er möchte anhand von drei Schlüsseln die Gabe des Sehens im Geist in uns aktivieren, und er möchte, dass wir dadurch die Güte Gottes wiederentdecken.

Durch den Schleier sehen

Eine Einladung in die unsichtbare Welt; 176 S. Pb.

Blake K. Healy sieht Engel und Dämonen seit seiner Kindheit – und zwar so klar wie natürlich sichtbare Dinge. Er sieht zum Beispiel Engel in Anbetungsgottesdiensten tanzen und Ermutigungsworte in die Ohren von Menschen flüstern, doch genauso sieht er auch Dämonen, die sich an Leute heften und so Abhängigkeiten, Lügen und Bitterkeit in deren Herzen und Gedanken aufrechterhalten.

In diesem Buch erzählt er einige dieser Begegnungen und wie er in dieser Gabe reifte und dabei die Angst und Verwirrung über die Dinge, welche er sah, überwand. Und ebenso, und wie er lernte, die Gabe des Sehens zu Gottes Verherrlichung zu nutzen und andere darin zu lehren. *„Ich wollte nicht, dass dieses Buch jemals endet!"* (Bill Johnson)

Weitere Bücher von GloryWorld-Medien

„Himmlische Bücher für die Erde“

Phil Mason, Die Ergründung des Herzens

Eine Einführung in die Herzensrevolution; 240 S., Pb.

Band 1 der Reihe „Übernatürliche Transformation“

Willkommen zur Herzensrevolution! Phil Mason bringt uns mit diesem Buch wieder mit dem Herzen Gottes – und somit auch unserem eigenen Herzen – in Verbindung. Begegnen wir der verschwenderischen Liebe des Vaters, erweckt sie in unserem Herzen eine neue Begeisterung und Leidenschaft.

Jesu Modell der Herzensverwandlung stützt sich nicht auf irdische Weisheit und Methoden. Er möchte, dass wir durch eine Begegnung mit der Herrlichkeit und Macht Gottes verwandelt werden.

Chad Gonzales, Nie wieder krank

Erlebe übernatürliche Gesundheit durch Jesu Auferstehungskraft in dir, 240 Seiten, Paperback

Du musst nie wieder krank werden! Ergreife deine Heilung, die im Neuen Bund enthalten ist!

Wenn es um das Thema Heilung geht, gibt es immer noch viel Verwirrung im Leib Christi. Werden wir durch das Werk Jesu am Kreuz nur geistlich geheilt oder gilt es auch für unseren Körper?

Dieses bahnbrechende Buch schafft in dir ein Bewusstsein dafür, wer du in Christus wirklich bist, was es bedeutet, in seinem Leib mit ihm vereint zu sein und sogar wie Jesus selbst in dieser Welt zu leben. Gesundheit ist nur eine der übernatürlichen Früchte, die daraus resultieren!

Bill Johnson / Randy Clark, Berufen zu heilen I

Grundlagen und Praxis des Gebets für Kranke, 240 S., Pb.

Jeder Christ kann von Gott gebraucht werden, um anderen Heilung zukommen zu lassen. Das ist das Anliegen der beiden Autoren. Dazu berichten Sie, wie Gott sie in den Heilungsdienst hineinführte, und legen anschließend klare biblische Grundlagen für das Heilungsgebet. Im umfangreichsten Teil gehen sie auf verschiedene Aspekte ein, die für eine Heilung förderlich sind, erläutern, wie seelische und körperliche Krankheiten zusammenhängen und stellen dann ein in der Praxis bewährtes Modell für das Gebet um Heilung vor, das für alle Christen leicht anwendbar ist.

Randy Kay, Himmelssturm

Eine himmlische Begegnung enthüllt Gottes Pläne für die Endzeit; 304 S., Paperback

Nachdem Randy Kay in einem Krankenhaus klinisch gestorben war, erlebte er eine lebensverändernde Begegnung mit Jesus. Dabei erhielt er nicht nur großen Einblick in sein eigenes Leben, in das Wesen des dreieinigen Gottes und in das, was im Himmel vor sich geht, sondern auch in Gottes Pläne für die Endzeit.

Jedoch erst 16 Jahre nach seiner Nahtoderfahrung enthüllte ihm Gott, welche Bedeutung der Sturm, den er im Himmel gesehen hatte, für unsere Zeit hat. Die Beschreibung seiner Erkenntnisse hebt dabei hervor, dass Gottes letzter Akt auf der Bühne der menschlichen Geschichte unmittelbar bevorsteht.

Maria Mason, Der Herzensprophet

Ein Handbuch für Menschen mit den Gaben des Sehens, Fühlens und der Herzensheilung; 272 S., Pb.

Wenn Nationen Heilung brauchen, erweckt Gott Söhne und Töchter nach seinem Herzen. Sein Wunsch ist jedoch nicht nur Erweckung, sondern eine tiefgreifende Veränderung in den Herzen der Menschen.

Dazu braucht es Herzensprophet! Diese haben die Gabe des geistlichen Fühlens und Sehens sowie der Heilung der Herzen. Sie können auf einzigartige Weise die Liebe des Vaters spüren und freisetzen, die uns zur Umkehr, Wiederherstellung und Erweckung führen will.

Dieses Buch ist ein einzigartiges Handbuch für die kommende Generation von Propheten und wird dich kraftvoll ausrüsten, um dich ganz auf deine prophetischen Aufgaben einzulassen!

James Goll

Geistlich wahrnehmen und unterscheiden

Wie wir Offenbarungen empfangen, prüfen und anwenden können; 216 S.

James Goll erklärt, dass jeder Nachfolger Jesu geistliche Offenbarungen empfangen und prüfen kann, auch wenn einige als Propheten besonders begabt sind. Er legt präzise dar, wie wir unsere Sinne dem Heiligen Geist hingeben können, damit wir geistlich wahrnehmen können.

Und er erläutert, wie wir Offenbarungen prüfen, anwenden und letztlich verinnerlichen können, damit die Menschen sie nicht nur hören, sondern in uns sehen.

Für das vertiefte Studium ist ein Arbeitsbuch erhältlich.

Phil Mason, Quanten-Herrlichkeit

Die Wissenschaft von der Inbesitznahme der Erde durch den Himmel; 520 Seiten, Paperback

Quanten-Herrlichkeit erläutert auf eine äußerst spannende Weise die Zusammenhänge zwischen den faszinierenden Erkenntnissen der Quantenmechanik und der Herrlichkeit Gottes.

Der erste Teil untersucht die subatomare Welt und enthüllt ihren außergewöhnlich komplexen göttlichen Plan, der die Genialität unseres Schöpfers offenbart.

Im zweiten Teil erklärt der Autor ausführlich, wie die Herrlichkeit Gottes in unser physisches Universum eindringt, um Wunder göttlicher Heilung zu bewirken.

Das Buch ist vollgepackt mit verblüffenden Erkenntnissen, aber mehr als das, ist es dazu bestimmt, uns für den übernatürlichen Dienst auszurüsten, damit wir die Herrlichkeit Gottes auf der Erde freisetzen, wie sie im Himmel ist!

Dr. Charity Virkler-Kayembe / Dr. Mark Virkler

Höre Gott durch deine Träume

Gottes Reden in der Nacht verstehen; 288 S., Pb.

In der Bibel finden wir sehr viele Beispiele für Gottes Reden durch Träume. Auch heute möchte er uns durch Träume wichtige Botschaften zukommen lassen. Doch beachten wir sie oft wenig oder wissen nicht, wie sie zu deuten sind.

Diesem Missstand möchte dieses Buches abhelfen. Die Autoren haben sehr viele Erfahrungen im Umgang mit Gottes Reden gesammelt. Das Buch ist ein praktischer, leicht verständlicher und biblischer Leitfaden, um die Sprache zu verstehen, die Gott in unseren Träumen benutzt.

Joshua Mills, Atmosphäre

Gottes Gegenwart Raum verschaffen; 80 S.; Paperback

Wir Gott möchte, dass wir beständig in einer Atmosphäre seiner Gegenwart, seiner Herrlichkeit leben. Das hilft nicht nur uns selbst, unser volles Potenzial auszuschöpfen, sondern dient auch anderen Menschen, die mit uns in Berührung kommen.

Wie kommen wir in diesen Lebensstil hinein? Was bestimmt eine Atmosphäre? Wie sind Leib, Seele und Geist des Menschen daran beteiligt? Auf all diese Fragen geht der Autor ein und erklärt außerdem, welche Rolle Lobpreis und Anbetung, Schall und Licht, Farben, ein geordnetes Zuhause, Beziehungen oder eine Haltung der Großzügigkeit dabei spielen.

Wir dazu berufen, das geistliche Klima unserer Straße, Stadt und unseres Landes zu bestimmen. Gott hat uns die Fähigkeit gegeben, eine Kultur der Herrlichkeit zu schaffen.

Jonathan Welton, Die Schule der Seher

Eine praktische Anleitung, wie man ins Unsichtbare hineinsehen kann; 224 S.; Pb.; Vorwort von Randy Clark

Viele Christen haben angefangen, übernatürliche Phänomene zu erleben: Träume, (offene) Visionen, Engel oder Dämonen. Aber es mangelt ihnen an solider biblischer Lehre und sie sind zu dem geworden, was man als *Seherwaisen* bezeichnet: Sie suchen verzweifelt nach jemandem, der sie trainiert, ermutigt und freisetzt.

Das Ziel von Jonathan Welton war deshalb, ein praktisches Handbuch herauszubringen, das den Leib Christi mit den Informationen ausrüstet, die notwendig sind, um in der Dimension des Prophetischen bzw. des Sehers zu wachsen und im Leben im Übernatürlichen Reife zu erlangen.

Dr. Henry Wright

Die geistlichen Ursachen von Krankheiten

Klare Antworten auf Ihre Fragen zu Krankheitsprävention und Heilung, 208 Seiten, Pb.

Gemäß den langjährigen Erfahrungen des Autors haben etwa 80 Prozent aller Krankheiten eine geistliche Ursache und sind die direkte Folge einer gestörten Beziehung zu Gott, zu uns selbst oder zu anderen. Gott offenbarte ihm aus seinem Wort, was die geistlichen Ursachen von Krankheiten und den Blockaden zur Heilung sind.

Er geht insbesondere auf folgende Krankheitsarten ein: Allergien, Autoimmunerkrankungen, psychische Störungen, Herz-Kreislauf-Erkrankungen und Belastungsstörungen (z. B. Stresskrankheiten).

James Goll

Die Gaben des Heiligen Geistes freisetzen

216 S., Paperback

Der Heilige Geist demonstriert Gottes übernatürliche Kraft durch seine Gemeinde heute, indem seine Herrlichkeit auf globaler Ebene freigesetzt wird. Alle Gaben Gottes sind immer noch voll funktionsfähig, und jeder einzelne Gläubige ist dazu bestimmt, im Fluss Gottes zu leben und seine Bestimmung zu erfüllen.

James Goll zeigt auf, wie der Heilige Geist durch die neun bekanntesten Geistesgaben wirkt und wie wir sie unter Gottes Leitung für die Erfüllung des Missionsbefehls einsetzen können. Anhand vieler anschaulicher Beispiele aus der Bibel und aus der Gegenwart lernen wir, wie geistliche Gaben in der Praxis funktionieren. Aber es geht in diesem Buch nicht nur darum, wie man seine geistlichen Gaben entdeckt oder empfängt, sondern wie man sie freisetzt und weitergibt!

Für das vertiefte Studium ist ein Arbeitsbuch erhältlich.

Gary Oates, Öffne mir die Augen, Herr

Wie wir mit Gott und seinen Engeln zusammenarbeiten können

120 Seiten; Paperback

Das Leben des heutigen „Normalchristen" ist nur wenig vom Übernatürlichen geprägt. Bei Gary Oates war das nicht anders, bis er durch einen großen geistlichen Hunger einige einschneidende Erlebnisse mit Gott hatte. Er wurde auf dramatische Weise im Geist in die Gegenwart Gottes versetzt und es wurden ihm die Augen für den Dienst der Engel geöffnet.

Dieses Buch geht nicht nur auf diese Erlebnisse ein, sondern ist eine praktische Anleitung dafür, wie wir in eine solche Vertrautheit mit Gott hineinfinden können, dass auch unsere geistlichen Sinne für diese himmlischen Dimensionen geöffnet werden.

Markus Herbert, Komm höher herauf!

Visionen vom Berg Zion, dem Garten Eden und dem himmlischen Jerusalem; 136 S., Pb.

Dieses Buch ist ein Zeugnis dafür, dass es sich lohnt, sich im Geist auf das Abenteuer einzulassen, himmlische Orte schon jetzt aufzusuchen. Sowohl der himmlische Vater als auch Jesus Christus und der Heilige Geist konnten dem Autor dort tiefe Einsichten vermitteln.

In fortschreitenden Visionen durfte der Autor nicht nur den Berg Zion, sondern auch das Paradies und das himmlische Jerusalem besuchen. Das Eindrücklichste war, dem himmlischen Vater in seinem Vaterherzen zu begegnen.

Luc Niebergall, Eine zeitlose Reise

Wie ich den Himmel erkunden und meine Identität empfangen durfte; 144 S., Paperback

Ab dem Alter von 16 Jahren wurde Luc Niebergall eine unglaubliche „Reise" in die Herrlichkeit der Person Jesu zuteil. Durch prophetische Begegnungen durfte er den lebendigen Gott erfahren.

Nach acht Jahren Visionen, Träumen und himmlischen Begegnungen hatte er den Eindruck, Gott wolle, dass er einiges von dem, was er ihm gezeigt hatte, in Form von Geschichten in einem Buch niederschreibt.

Dieses Buch ist ein Aufruf an die Söhne und Töchter Gottes, ihr volles Erbe zu empfangen, das darin besteht, in einer ewigen, intimen Beziehung zu Gott selbst zu leben.

Begegnen wir der intimen Liebe Gottes, des Vaters, fällt die falsche Identität der Waisenschaft von uns ab. Wir werden zu siegreichen Söhnen und Töchtern, welche den Nationen Heilung und Wiederherstellung bringen.

Danny Silk, Unbestrafbar

Unsere Vorliebe für Bestrafung beenden

200 Seiten; Paperback

Jesus ist gekommen, um uns einen besseren Weg zu zeigen, wie wir auf menschliche Fehltritte und Schlamassel reagieren können, als durch Bestrafung: den Weg der Umkehr, Versöhnung und Wiederherstellung. Dadurch werden Menschen von Angst, Scham und Bestrafung befreit und befähigt, ihre Probleme an der Wurzel anzupacken und sich einen neuen Lebensstil anzueignen: Sie lernen, im Licht zu leben und ihre Beziehung zu Gott, sich selbst und anderen zu schützen.

„Unbestrafbar" ist ein Wegweiser, um selbst den Weg der Umkehr, Versöhnung und Wiederherstellung zu gehen, anderen auf diesem Weg zu helfen und straffreie Kulturen der Liebe in unserem Leben, unseren Beziehungen, Familien, Gemeinden und Organisationen zu schaffen.

Beni Johnson, Der glückliche Fürbitter

Mit Gott die Welt bewegen, ohne die Freude zu verlieren

Vorwort von Bill Johnson; 180 S., Paperback

Beni Johnson (die Frau von Bill Johnson) nimmt uns mit auf ihre Reise von einer schüchternen Person zu einer kühnen, aber glücklichen Fürbitterin. Gott offenbarte ihr einen Weg, wie sie aus seiner Gegenwart und seiner Liebe heraus in Einklang mit seinem Herzen effektiv beten kann.

Fürbitte muss nicht dazu führen, dass uns die Anliegen, für die wir beten, unter Druck bringen oder emotional beeinträchtigen. Den Himmel auf die Erde zu holen, kann sogar regelrecht Spaß machen. Unmögliches wird plötzlich möglich – ob es dabei um „kleine" Dinge in unserem persönlichen Umfeld geht oder um die Veränderung des geistlichen Klimas über unseren Städten und Nationen.

Wayne Jacobsen

Die Gemeinschaft der Neuen Schöpfung

Wie wir sie finden und warum es noch so viel mehr gibt

272 S.; Paperback

Seit über 50 Jahren beschäftigt den Autor die Frage nach der authentischen neutestamentlichen Gemeinde. Er hat sie schließlich an den ungewöhnlichsten Orten entdeckt und möchte uns dabei helfen, diese unglaubliche, von Jesus geformte Braut zu finden.

Dazu betrachtet er die Gemeinde aus Gottes Sicht. Sie beginnt im Herzen Einzelner und fügt sich dann zu einer weltweiten Gemeinschaft von Menschen zusammen, die untereinander Gottes Herrlichkeit zum Ausdruck bringen.

Kevin Basconi, Mit den Engeln tanzen, Band 1

Die Grundlagen: Gottes Engel erkennen, einladen und beauftragen; 240 S.; Paperback

Mit diesem Buch stellt uns Kevin Basconi eine inspirierende, glaubensstärkende und praktische Anleitung zur Verfügung, wie ganz normale Gläubige mit Engeln zusammenarbeiten und sie sogar beauftragen können, um den Willen Gottes auszuführen.

Sein Buch ist voller spannender persönlicher Berichte, in denen er uns an seinem wachsenden Verständnis über das Wirken der Engel teilhaben lässt. Er erläutert, wie unsere Fähigkeit, Gottes Willen zu tun, dramatisch zunimmt, sobald wir mit Engeln zusammenwirken.

Das Buch ist eine großartige Hilfe für die Gemeinde, um sie auf die Zeit der Ernte vorzubereiten, in der Engel eine tragende Rolle spielen werden, und sie für die bevorstehenden Heilungserweckungen zuzurüsten.

Chris Overstreet, Übernatürlich evangelisieren

Ein Handbuch für die Praxis; 160 S., P., Vorwort: Bill Johnson

Übernatürlich evangelisieren hat das Potenzial, in uns das Feuer der Liebe Gottes zu entzünden, um Menschen, die Gott nicht kennen, mit seinem Herzen und seiner Kraft in Berührung zu bringen. Wir lernen uns ganz praktisch in das einzuklinken, was Gott mit den Menschen vorhat, denen wir im Alltag begegnen – wie es auch Jesus getan hat.

Zu den behandelten Themen gehören: Eine Reich-Gottes-Mentalität pflegen | Grundwerte des Evangelisierens | Wie wir Menschen zum Herrn führen können | In der Öffentlichkeit für Kranke beten | Prophetisches Evangelisieren | Angst und Ablehnung überwinden. Jedes Kapitel schließt mit einem Anwendungsteil, um das Gelernte zu reflektieren, in der Gruppe zu besprechen und im Alltag anzuwenden.

Paul Manwaring, Die Herrlichkeit Gottes

Was sie ist und wie unser Leben davon geprägt sein kann

260 S.; Paperback; Vorwort von Bill Johnson.

Gott hat eine Leidenschaft: Er möchte, dass wir seine Herrlichkeit kennen, und zwar schon hier auf Erden!

Paul Manwaring, der Leiter des apostolischen Netzwerks der Bethel Church, beschreibt seinen Weg in dieses Verlangen Gottes hinein. Er verfolgt die Spuren der Offenbarung von Gottes Herrlichkeit durch die Bibel hindurch und lädt uns ein, Moses Wunsch an Gott zu folgen: „Zeige mir deine Herrlichkeit."

„Dies könnte das ermutigendste Buch sein, das Sie je lesen werden" (Bill Johnson).

Henk Bruggeman, Das Herz des Vaters entdecken

Unsere Identität als Söhne und Töchter Gottes empfangen

200 S.; Paperback

Gott sehnt sich mehr denn je danach, seinen Kindern sein Vaterherz zu offenbaren. Er möchte, dass wir ihn nicht nur mit dem Kopf, sondern vor allem mit dem Herzen kennenlernen. Statt einer Distanziertheit soll eine innige Vertrautheit unsere Beziehung zu ihm prägen. Darüber hinaus möchte er uns aber eine neue Identität schenken: die Identität der Sohnschaft. Wir entdecken mehr und mehr, wie wir als echte Söhne und Töchter Gottes leben können.

Barry & Lori Byrne, Liebe in der Ehe

Eine tiefere geistliche, emotionale und körperliche Einheit erleben; Vorwort von Bill Johnson; 334 S., Klappenbroschur

Gott möchte, dass die Ehe ein Ort echter Liebe und Vertrautheit ist. Dafür brauchen wir die Hilfe des Heiligen Geistes. Mit ihm können wir die Ursachen unserer Konflikte erkennen und überwinden. Unsere Ehe kann Heilung und Wiederherstellung erfahren, egal, wie der momentane Zustand ist.

Mit klarer biblischer Lehre und vielen praktischen Hilfen packen die Autoren die wichtigsten heißen Eisen an. Viele ermutigende Erfahrungsberichte verdeutlichen die dramatische Heilung und Intimität, die mit Gottes Hilfe möglich ist.

Dr. Larry Richards

Die volle Waffenrüstung Gottes

Gut geschützt gegen die Angriffe des Bösen; 208 Seiten, Pb.

Die Bibel macht deutlich, dass ein Großteil unserer Unsicherheiten, Ängste und Zweifel auf den Machenschaften böser Mächte beruhen. Deshalb ist es so entscheidend, dass wir sowohl die Strategien kennen, die Satan benutzt, um uns anzugreifen, als auch die Rüstung, die Gott uns zur Verfügung stellt, um uns dagegen zu schützen.

Eine biblische Dämonologie, Hilfen zum Umgang mit dem Bösen in der Seelsorge sowie Lektionen für „Lebe-frei-Selbsthilfegruppen" runden das Buch ab.

Bestellen Sie im Buchhandel oder direkt beim Verlag (versandkostenfrei in D):

GloryWorld-Medien | Beit-Sahour-Str. 4 | D-46509 Xanten
Fon: 02801-9854003 | Fax: 02801-9854004 | info@gloryworld.de

Aktuelles, Leseproben, Downloads & Shop: **www.gloryworld.de**